叙舊

叙旧文丛

風雨飄渺獨自在

——民国文人旧事

姚一鸣 著

海峡出版发行集团
THE STRAITS PUBLISHING & DISTRIBUTING GROUP

福建教育出版社

姚一鸣，男，六十年代生人，毕业于华东师范大学中文系，曾供职于沪上出版社、书店等，现在机关工作。平时喜集藏旧书，业余以写文为主，作品多刊于《藏书报》、《博览群书》、《上海滩》、《闲话》等报刊，已出版《文学背后的故事》（台湾秀威）、《中国旧书局》。

"叙旧文丛"出版弁言

叙，讲述，盼侧耳倾听；旧，过去，期一日相逢；叙旧，网罗旧闻，纪言叙之，以温故，以溯往，以述怀，以知新。

搜寻、稽索、钩沉、抉隐，一句话，一件事，一本书，一个人，那满满的闪着光芒的过去，在琐细字间，鲜活，绽放。

走进旧时光，来一场返程之旅，为那心中永不褪色的旧日情怀。我们相信，叙旧的过程，是唤醒记忆，省思历史，亦是安顿今者，启示未来。

序

　　我大学时代读的是古文字专业，照例应是对古代文献有兴趣，但偏偏钟情于中国的新文学，几年以来，阅读了大量有关新文学的著作，平时也搜集一些民国的版本，在阅读过程中渐渐有了一些心得，开始关注新文学主流文学史之外的人和事，一些以前受批判和不被重视的作家，他们的作品，为什么几十年后还有人在阅读和研究？另有疑惑在于，新文学的发展并不是一帆风顺的，与之共存的旧派文学为什么在市民阶层中有着不小的影响力？旧文学作家们又是怎样的一种状况？一些新文学史上的论争是怎样产生的？其前因后果的论断在现在看来有无可商议之处？种种的问题使我看书有了一种方向，也有了一些思索。这也是我文章中想要体现的。

不惑之年后，随着年龄的增长，阅读兴趣也开始发生了明显的变化，开始拒绝一些虚构类的文学作品，更多时候阅读倾向于历史人文传记类和现代文人的回忆录、日记之类，对于书本之外的历史真相，对于现代文人在社会历史大环境下的生存和思想，特别感兴趣。阅读之后便有了强烈的写作欲望。但真正要写，对于我来说并非易事。

在这其中，读到了散木和邵建刊登于报刊的一些文章，给予我很多的启示。他们在文章中，对于新文学中的人和事，用现代的眼光去认识，去钩沉一些史实，很耐看。写这样的文章，资料的运用很重要，因为对于我们来说，都不是当年的经历者，即使是当年的经历者，写同一件事也会有出入，更何况是几十年后的我们。怎样去使用和辨别资料，这就需要善于判断，如果人云亦云，则失去了自己的观点，就没有意义了。在构思和查找资料的过程中，要触类旁通，有时需要找到一个点，再从点到面，再到层。这个点有时是一篇文章，有时又是一封信，而扩展到社会背景，以及人物在特定时间环境下的状况，写作便有了一个基本面。接下去就是围绕这个基本面，逐层地展开。在这个过程之中，查找相关资料的环节很重要，要对所见资料进行筛选；对于构思的环节来说，有时是艰难的，甚至是痛苦的，盘旋在心头的人物和故事时时出现，到一旦成熟，找到一个切入点以后，真正到写作时，相对倒可能会轻松一些。

就拿本书中的"沈从文施蛰存断鸿记"来说，先是从苏曼殊的"断鸿零雁记"中得到的灵感，那时正在写有关沈从文的文章，读了他的很多作品。在孔令境编的《现代作家书简》中有一封他和施蛰存的往来书札，其中所叙可反映当年两人的心境。面对20世纪30年代中期文坛的纷繁景象，沈从文和施蛰存都有了某种失落感。一北一南两位文人，在信札中惺惺相惜，更令人关注的是两人对于当年主流文坛的态度。由此构成了文章的框架。通过一系列的创作和论争中的情形，来反映沈从文和施蛰存的境遇。又如"李涵秋的上海一年"，文章写作的起因是一本《半月》杂志中的"李涵秋纪念号"，能出版纪念号，说明了李涵秋在旧派小说界的地位，而仔细读刊中纪念和回忆文章，发现李涵秋唯一一次到上海，就发生了许多笑话，从中正好说明了旧派文学的没落之势，由此从李涵秋的上海一年，来折射旧派文人创作的局限。纪念和回忆文章大量的第一手资料，构成了文章的主线。

几年下来，也完成了好几十万字的文章。在这里，要特别感谢青岛的薛原和臧杰两位，以及"良友书坊"，我的第一篇长文"邵洵美和《万象》画报"，即是在"良友书坊"的《闲话》辑刊上发表的。这篇有些稚幼的文章能刊出，正是薛原和臧杰两位的支持鼓励的结果，也使得我有了写下去的信心。薛原和臧杰的"良友书坊"，以传承和发扬老良友的精神，编辑和出版了不少相关辑刊和书籍，能够忝列其中，也是我的一种荣幸。

作为一个业余的写作者，唯有努力才能有所成绩。在渐渐养成了写作习惯的同时，我把业余时间几乎都用在了看书和写作上，享受着这个过程所带来的快乐。平时不得不舍弃一些爱好，一个人的精力毕竟是有限的，如果不专注，不孜孜以求，就难成其事。我所能做的，就是合理安排好业余时间，努力把文章写好，给读者一定的启示。

收在这里的文字是民国文人的旧事，既有反映文人一年生活的断年史，亦有反映编书和写作的过程；既有通过分析信函来表现两位作家的境遇，亦有从同题文章来展现作家的心路历程。其中写得较多的是沈从文、俞平伯、施蛰存等几位，他们有的是新文学作家，有的是旧派文学作家，一个共同点他们都是非主流的作家，但在当年的文坛有着一定的影响力，他们的命运都大起大落过，甚者如沈从文、周瘦鹃新中国成立后都不再从事文学创作。他们在民国时期的创作和生活，则成了我研究的对象。写作过程其实也是一个学习的过程，民国文人们深邃的思想深深地感召了我。

收在这本集子中的文字还很幼稚，也有些杂，还有很多缺点，这些文章只是表达了对民国文人的一己之见。

是为序。

姚一鸣

目　录

第一辑：周作人／俞平伯

风雨飘渺独自在

——辛亥革命前后的周作人

辛亥革命爆发那年，周作人时年二十七岁。

一

周作人1906年从江南水师学堂毕业，进而考取了出国留学，于同年9月到日本东京，在中国留学生会馆私人组织的讲习班学习日语。初到日本，周作人是和鲁迅住在一起的，对此周作人在文章《留学生活的回忆》中写道："我初去东京和鲁迅在一起，我们在东京的生活是完全日本化的。有好些留学生过不惯日本的生活……我们觉得不能吃苦何必出外，而且到日本来单学一些技术回去，结局也终是皮毛，如不从生活上去体验，对于日本事情便无法深知的。"

在日本留学期间，周作人除继续学习日语以外，又先后学习了俄语和希腊语，其中和鲁迅、许寿裳、陈子英、汪公权等六人去神田学俄语，因学费负担大，仅维持了数月。而周作人在日本立教大学——美国人所办的教会学校学习希腊语，所用教材是怀德的《初步希腊文》，周作人学希腊文的目的是："正如严几道努力把赫胥黎弄成周秦诸子，林琴南把司各得做得像司马迁一样，我也想把《新约》或至少是四福音书译成佛经似的古雅的。"周作人的努力并没有白费，如其后所译《希腊拟曲》，就显示了其希腊文的翻译水平。

在日本本乡西片町十番地吕字 7 号，周作人结识了来做女佣的羽太信子，两人由此相恋，并于 1909 年 3 月 18 日结婚。羽太信子原籍东京，出身贫寒，共有兄妹五人。对于周作人的此门婚事，其母鲁瑞并不看好，但因为鲁迅与朱安的婚姻并不幸福，鲁瑞为此很内疚，就不再干涉周作人的婚事了。羽太信子和周作人结婚后，随周作人回国生活，后又把其四妹羽太芳子介绍给三弟周建人结识并成婚，此乃后话。

周作人在鲁迅 1909 年回国以后，又在日本呆了将近两年的时光，除继续学习语言和从事创作翻译以外，由于结婚以后家庭负担的加重，周作人除自己勉力著书译文以外，大哥鲁迅对其接济也十分重要，鲁迅就曾对好友许寿裳说："你回国很好，我也只好回国去，因为起孟（即周作人）将结婚，从此费用增多，我不能不去谋事，庶几有所资助。"（许寿裳《亡友鲁迅印象记》）可见作为大哥的鲁迅对于家庭的一份责任。但鲁迅还是催促周作人尽快回国，当得知周作人原拟留日本继续学习法文后，就去信催其回国，"起孟来书，谓尚欲略习法文，仆拟即速之返，缘法文不能变米肉也，使二年前而作此语，当自击，然今兹思想转变实已如是，颇自悯叹也"。（《鲁迅致许寿裳信》）

对于在日本的留学生活，周作人是如此评说的："老实说，我在东京的这几年留学生活，是过得颇为愉快的，既没有遇见公寓老板或是警察的欺侮，或有更大的国际事件，如鲁迅所碰到的日俄战争中杀中国侦探的刺激，而且最初的几年差不多对外交涉都是鲁迅替我代办的，所以更是平稳无事。这是我对于日本生活所以印象很好的理由了。"（《知堂回想录》上册）留学期间的周作人，思想上受大哥鲁迅的影响较大，曾随鲁迅一起去听章太炎的国学讲座，并随同章太炎学习梵文，后因太难而放弃。

归国后的周作人回忆起留学生活，心情甚为复杂："居东京六年，今夏返城，虽归故土，弥益寂寥；追念昔游，时有怅触，宗邦为疏，而异地为亲，岂人情乎？心有不能自假，欲记其残缺以自慰焉，而文情不副，感兴已隔。用知怀旧之美，如虹霓色，不可以名。一己且尔，若示他人，更何能感？故不复作，任其飘泊太虚，时与神会，欣赏其美，或转褪色，徐以消灭；抑将与身命俱永，溘然相随，以返虚浩，皆可尔。……"（《知堂回想录》上册）

二

和鲁迅的留学目的有所不同，周作人留学就是为了更好地从事翻译和创作。而在留学期间，其创作和翻译两端，用力甚勤，且有不少著述问世。1907年3月，周作人和鲁迅合译了英国哈葛德、安特路朗合著的小说《世界欲》，译后易名为《红伶佚史》，由商务印书馆作为说部丛书第78辑出版，署名周逴。书中有十六节诗歌，由周作人口译，鲁迅笔述，其余部分均由周作人翻译。同年冬天，又和鲁迅合译了俄国阿历克赛·托尔斯泰的历史小说《克虐支绥勒勃良尼》（又名《银公爵》），从英译本转译，由周作人翻译起草，鲁迅修改誊正并作序。因已有别人译出等原因，辗转几次未能出版。同时周作人又单独翻译了匈牙利育珂摩耳所著小说《匈奴奇士录》，并由商务印书馆出版，署名"周作人"。1907年在东京创刊的《河南》杂志上发表了周作人的《论文章之意义暨其使命因及中国近时论文之失》（第四、五号）、《哀弦篇》（第九号）等。《河南》杂志是由河南留东同人所办，月刊，共出九期后终刊，是当时倾向革命的重要刊物。为此周作人在致友人信中也谈到：

> 我们为《河南》写文章，纯粹由我的友人孙竹丹介绍，孙系安徽人，后因搞革命，为清廷所害。大概因革命关系与河南人程克相识，程在辛亥后为议员，当时在日本留学，为《河南》杂志的经理人。我们与程克也不相识，不曾见面，始终由孙竹丹收稿付款，亦不知杂志社设在何处，编辑人为刘申叔，刘名光权，系江苏人，与河南无关，不过因其学问而闻名，且其时亦搞革命，故请其担任编辑。据说河南留学生其时不多，且无甚能写文章的，适有富人的儿子在故乡因受亲戚人敲诈，逃至日本求学，其孀母亦同来，愿意捐款于同乡会办公益事业，且求庇护，同乡会因拟仿照各省的例，办

起杂志来，此即《河南》刊行的由来。但因人才缺乏，故稿件多由外来，此我们应邀撰稿的来由。至我们撰稿其目的固然其一在于发挥文学上的主张，其一则重在经济，冀得稿费补助生活。

从周作人的信中不难看出，周氏兄弟为《河南》大量写稿的原因，以及《河南》创办前后的一些情况。

而此时期最有影响力的翻译是周作人和鲁迅合译的《域外小说集》，一集和二集分别于1909年出版，共选译五国二十一篇短篇小说，其中周作人承担了绝大部分的译作，《域外小说集》由东京神田印刷所印刷，东京群益书店和上海广隆绸缎庄发售。鲁迅在序言中写道："《域外小说集》为书，词致朴讷，不足方近世名人译本。特收录至审慎，迻译亦期弗失文情。异域文术新宗，自此始入华土。使有士卓特，不为常俗所囿，必将犁然有当于心，按邦国时期，籀读其心声，以相度神思之所在。则此虽大涛之微沤与，而性解思惟，实寓于此。中国译界，亦由是无迟莫之感矣。"从中可看出鲁迅兄弟翻译此书的目的。《域外小说集》出版以后，《日本与日本人》杂志刊登了一则消息："在日本等地，欧洲小说是大量被人购买的。中国人好像并不受此影响，但在青年中还是常常有人在读着。住在本乡的周某，年仅二十五六岁的中国人兄弟俩，大量地阅读英、美两国语言的欧洲作品。而且他们计划在东京完成一本名叫《域外小说集》，约卖三十钱的书，寄回本国出售。现已出版了第一册，当然，译文是汉语。一般中国留学生爱读的是俄国的革命虚无主义的作品，其次是德国、波兰那里的作品，单纯的法国作品之类好像不太受欢迎。"

此时的周作人在创作和翻译两端显示了其旺盛的精力，其前期的创作和译介受到章太炎等民主思想影响较深，比较关注被压迫和弱小民族的文学，但周作人在创作和翻译过程中，也并非一帆风顺，其所译波兰显支微克的小说《炭画》的出版，就一波三折。《炭画》所叙"记一农妇欲救其夫于军役，至自卖其身，文字至是，已属绝技，盖写实小说之神品也"，是周作人在东京时所译，经鲁迅修改誊正后，于几年后投寄《小说月报》、《中华读书界》等刊物，均以原稿不符合要求而退稿，其主要原因是周作人的直译稿，不如林琴南等的意译稿圆润。后是鲁迅通过关系找到文明书局才得以出版的。

三

1911年夏，经鲁迅去日本催促后，周作人结束在日本的留学生活，携妻羽太信子回绍兴。这年辛亥革命爆发了。

周作人曾在文章中描述辛亥革命：

> 现在已是辛亥这一年了。这实在是不平常的一个年头，十月十日武昌起义，不久全国响应，到第二年便成立了中华民国，人民所朝夕想望的革命总算实现了。……在当时革命的前夜，虽是并没有疾风暴雨的前兆，但阴暗的景象总是很普遍，大家知道风暴将到，却不料会到得这样的早罢了。这时清廷也感到日暮途穷，大有假立宪之意，设立些不三不四的自治团体，希图敷衍，我在翻译波兰显克微支的"炭画"，感觉到中国的村自治如办起来，必定是一个"羊头村"无疑……及至回到故乡来一看……十月十日"霹雳一声"，各地方居然都"动"了起来，不到一个月的功夫，大势已经决定，中国有光复的希望了……（《知堂回想录》上册）

那么这一年归国回来的周作人又在干什么呢？

1911年9月，周作人携家眷回国，时逢辛亥革命爆发，周作人躲在绍兴家中，没有去关心过或出去看过，周作人在文章中如此回忆："辛亥革命起事前后的几个月里，我在家里闲住，所做的事情大约只是每日抄书，抄录《古小说钩沉》和《会稽郡故书杂集》的材料，还有整本的《幽明录》之类。"（《知堂回想录》上册）似乎周作人对于革命是隔膜的，也无法参与其中，在家中抄书看书的结果是进一步加强了他的国学底蕴，为他在散文领域的独树一帜打下了基础。

辛亥革命的爆发，各省纷纷宣布独立，1911年11月6日绍兴独立，为此周作人于《绍兴公报》上发表文章《庆贺独立》，欣悦之情跃然文中："美哉！洋洋星旗飘扬，今日何日，非我绍兴之新纪元耶。今日之绍兴，已非昨日之绍兴。昨日之绍兴，人心惊悸，犹为奴隶之绍兴；今日之绍兴，熙熙攘攘，已为自由之绍兴。如火如荼，一跃千丈，绍兴人之幸福耶？绍兴之魄力也。"第二年周作人以"独应"的笔名，又在《越铎日报》上发表了大量文章，拥护新政、抨击封建，计有《望越篇》、《望华国篇》、《尔越人勿忘先民之训》、《民国之征何在》、《庸人之责任》、《代师滥校牛教员致前监督肚君书》等。对于辛亥革命，周作人还是有着自己的看法的。

周作人在《民国之征何在》中写道：

> 昔秋女士被逮，无定谳，遽遭残贼。天下共愤，今得昭复。而章介眉以种种嫌疑，久经拘讯，亦狱无定谳，而议籍其家。自一面言之，可谓天道好还，且一面言之，易何解于以暴易暴乎？此矛盾之一例也。更统观全局，则官威如故，民瘼未苏。翠舆朝出，荷戈警跸；高楼夜宴，倚戟卫门；两曹登堂，桎梏加足；雄师捉人，提耳流血。保费计以百金，酒资少亦十角。此皆彰彰在人耳目者，其他更何论耶！……昔为异族，今为同气；昔为专制，今为共和；以今较昔，其异安在？

看来躲在家中的周作人并未光抄书看书而停止了思考，在其晚年的《知堂回想录》中，有不少章节提到了辛亥革命中的人和事；发表于《越铎日报》的《民国之征何在》一文是当时周作人对辛亥革命的看法，其中有担心和不解，对于"以暴易暴"的做法认为是换汤不换药。

对于辛亥革命，周作人这些看法未必准确，但也显现了当时知识阶层对于革命的一些态度：

> 壬子年总算安然的过去了，"中华民国"也居然立住，喜是可喜的事，可是前途困难正多得很，这也是很明显的。新建设的一个民国，交给袁世凯去管理，而他是戊戌政变的罪魁祸首，怎么会靠得住呢？到了癸丑年的春天，便开始作怪了，第一件便是三月二十日的暗杀宋教仁，这事大概在当时很令人震惊，因为宋遁初这人在民党里算是顶温和的，他主张与袁合作，现在却拿他来开刀，那下文是可想而知了……（《知堂回想录》上册）

四

1912年6月，经朱遏先介绍，周作人到浙江省军政府教育司任职。其时沈钧儒在教育司任司长，而沈钧儒在两级师范当校长时的一班人马，都转来了教育司。周作人最初担任的是课长，后又转为浙江省视学。同事中有钱玄同等。周作人在浙江省军政府教育司的生活颇为舒适。看看书报，终日有些闲得发慌，他说：

视学的职务是在外面跑的，但是平常似乎也该有些业务，可是这却没有，所以也并没有办公的座位，每日就只是在楼上坐地，看自己带来的书，看得倦了也可以卧倒在床上，我因为常是如此，所以钱玄同就给我加了一句考语，说是在那里"卧治"。在楼下的客厅里，有些上海的日报，有时便下去阅看。不过那里实在暗黑得可以，而且蚊子太多，整天在那里做市的样子，看一会儿报就要被叮上好几口。因此我"卧治"的结果，没有给公家办得一点事，自己却生起病来了。（《知堂回想录》）

周作人也因被蚊虫咬后生病，而辞去了浙江省军政府教育司的工作。在工作将近一个多月的时间里，周作人仅领过九十元的"军用票"，因为是初次见到，担心不能用，就到清和坊抱经堂买了一部朱墨套印的《陶渊明集》，才算放下心来。因妻子即将分娩，周作人便匆匆赶回家乡。

其后1913年秋，周作人受聘于浙江省立第五中学，在学校担任外国语科教授，学生为二三年级，每周上十六小时课，月俸墨银五十元。周作人一干就是四年，其间学校共换了三任校长。对于教学，由于课时并不多，每周才上十六小时的课，所以周作人也有时间可以干点"自己的工作"。如翻译一些外国作家的作品，为绍兴的地方报纸写点文章。但在创作和翻译上并不顺利，常常遭遇退稿，为此周作人颇感失望。绍兴因为离风暴中心较远，一时倒也平静，不过还是隐隐感觉黑暗时代的即将到来。

除在浙江省立第五中学教书以外，周作人还担任了绍兴县教育学会会长一职，并起草教育会章程，召开教育评论会等一系列活动，并印行了一种教育杂志。还办过一次审查教科书的事，即对所用商务和中华两家出版社的教科书进行选择，经审定国文一科是中华书局当选，结果引得商务大为不满，指责教育会受贿种种，让周作人颇为难，原来这等差事也不是那么好办的。但总的来说，教育学会的工作还算清闲，拿了俸银总归要办事，但有些事情真的不太好办，周作人对此有深刻的体会。

周作人辗转求学乃至出国，归来后恰遇辛亥革命；蜗居乡闲后，又在教育界任职，一直到 1917 年才到北京大学任职。其时，周作人已经三十三岁了，距辛亥革命发生也已过去了将近六年。

俞平伯的"西还"

一

1920年，时年二十一岁的俞平伯，第一次踏上了出国留学之路。

对于俞平伯这样一个中国传统的知识分子来说，五四新文化运动爆发才没多久，新的文化和观念冲击着每一个有知识的青年人。推翻旧的道德观念，建立民主和科学的新社会，是燃烧在那时每个青年人心中的一团火。其时俞平伯已在《新青年》、《新潮》等刊物上发表了好几首新诗，作为当年"新潮社"的成员之一，在北京大学国文系就读并毕业的俞平伯，处于新思想的最前沿，耳濡目染了新文化运动的发生，并参与其中，力求在新诗创作领域来引导逐渐蓬勃发展的新文学。

俞平伯出国留学的初衷，是为了学习国外的优秀文化和经验，从而帮助正处于苦难中的中国，去寻找一条救国之路。这种富有远大抱负的想法，是当年先进知识分子的一种选择，也顺应了当时社会的一种趋势。只是俞平伯对于留学的目的，以及留学过程中的困难和挫折，是缺乏必要的思想准备的。也许作为一个刚从北京大学国文系毕业的年轻学生，满腔的热情和社会的现实，在认同上是有距离的。表现在俞平伯身上，那种远离祖国的思念之情，在他的心目中还是难以割舍的。离开北京赴上海候船之时，俞平伯作了新诗《别她》，发表在《新潮》第二卷第三期上：

> 厌她的，如今恋她了；怨她的，想她了；恨她的，爱她了。碎的，病的，龌龊的她，怎么不叫人恨，叫人厌，叫人怨。

> 我的她，我们的她；碎了——怎不补她；病了——怎不救她；龌龊了——怎不洗她！这不是你的事吗？我说些什么好！想躲掉吗？怕痛苦吗？我怎敢！我想——我想她是我的，我是她的；爱我便爱

她，救我便救她。

安安的坐，酣酣的睡，懦夫！醉汉！我该这样对待我吗？我该为她这样待我吗？我背着行李上了我的路。走！走！快走！！许许多多的人已经——正在把他们的她治活了。寻啊！找啊！找他们去！虽然——漆黑面的大洋，银白发的高山，把她的可怜可爱可恨可念的颜色——朦胧朦胧——隔开我的视线。

但是爱她恋她想她的心，越把脚跟儿似风轮的催快。迢迢的路途，只想前头去。回头！呸！！有这一天，总有的；瘦削的手，把碎片片的她补整了；灰白的脑，把病恹恹的她救醒了；鲜红的血，把黑越越的她洗净了。看啊！——心中眼中将来的她！我去了，我远去了！朋友，你们大家……

这首热情洋溢而又充满对祖国挚爱的诗篇，是俞平伯新诗中的佳作，充分表达了他即将远离祖国、远赴他乡留学的复杂心理，也表述了俞平伯作为一个有抱负的青年学子，对学成归国报效祖国的满腔热情。

但俞平伯的第一次出国留学之路却并不顺利。自1919 年 12 月离开北京到上海候船，耽搁了有将近十天时间，为此俞平伯在苦等之余，作了《一星期在上海的感想》（刊于《新潮》第二卷第三期）："从五四以来，新运动渐渐盛了；各地方响应我们的同志渐渐多了；好像新中国的建设总就是十年八年的事。但我在北京的时候，同朋友的谈话，讲到这事，总不全抱乐观，总有点怀疑，觉得无论做什么事都要有相当的代价。几个月的奋斗实在算不得一回重大牺牲。真正新运动的成功，又非有巨大牺牲不可。……自我南行之后，和南方社会相接触。从上海一般人做观察点，更觉障碍多希望少。前途的战争是绝大的，不可免的。我们不抱有终始一致奋斗不辍的大决心，决不会有真正的成功。前途既这样淡黯，战场上的兵卒既不多又不尽可靠，理想的她何时实现！"在文章中，俞平伯继续表达着他矛盾和犹豫的心情，对未知的留学之路的迷惘，和对多灾多难的国家充满了一种忧患之情。在上海的所见所闻，更加剧了俞平伯悲观的情绪。

一直到 1920 年 1 月 4 日凌晨，俞平伯终于在上海新关码头启程，夫人许宝驹至码头送行，同去留学的还有他在北大的同窗傅斯年等。三天后到达了香港；八天后到达了新加坡，呆了将近五天才又启航。在旅途中，俞平伯看书写诗，和傅斯年交流新诗的美感问题，作诗想念远在杭州的夫人，并给新潮社写信，谈了他对新诗的看法，后作题《俞平伯来信》，刊于《新潮》第二卷第四期。同行的傅斯年在致蔡元培校长信中，提到了他和俞平伯出洋的情况：

> 船上的中国旅客，连平伯兄和我，共八人，也不算寂寞了。但在北大的环境住惯了的人，出来到别处，总觉得有些触目不快；所以每天总不过和平伯闲谈，看看不费力气的书就是了。在大学时还不满意，出来便又要想他，煞是可笑的事！平伯和斯年海行很好，丝毫晕船也不觉得。（《北大日刊》1920 年 2 月 18 日）

1 月 24 日船泊哥伦布（科伦坡）；将近一个月后的 2 月 21 日，海行船才抵达英国利物浦。俞平伯经过将近五十天的海上旅行，总算第一次踏上了英国的土地，第二天又乘车抵达伦敦，陈源等把俞平伯接至中国留英学生会，安排好住宿以后，又至经济学院索取入学章程等，做好了入学前的准备。但十分不幸的是，由于第一次世界大战后，英国的经济受到严重的削弱，整个经济处于萧条时期，英国的英镑由此而涨价，俞平伯自筹所带资金，已无法应付在英的留洋开销。

对于俞平伯来说，这是一个无奈的现实，当初满怀信心和勇气出洋留学，希望是有所结果、有所成就的。千辛万苦耗时将近两个月的时间，又几次转船，忍受在海上漂泊孤独的日子，而现在就要这样回去，俞平伯颇有些于心不甘呀！最后只能决定回国，并至日本邮船公司购回国船票，又至中国领事馆领取护照。在英国的土地上呆了将近十三天之后，俞平伯于1920年3月6日乘日本邮轮佐渡丸启程回国。

在地中海航行时，俞平伯作五言律诗一首《庚申春地中海东寄》，叙述未竟的留学之路："长忆偏无梦，中宵怅恻多。递迢三万里，荏苒十旬过。离思闲中结，豪情静里磨。燕梁相识否，其奈此生何！"在返回的旅途中，俞平伯填词作诗，以此来排遣孤寂中的万千思绪，和对于留学之路夭折的感叹，言辞间充满着伤感和无奈之情。4月19日船终于到了上海，俞平伯又回到了祖国的土地上，并在第二天即赶往杭州，见到了家人。

俞平伯晚年曾在回忆录中，对这一段留学经历作如是回忆：

　　1920年，时余方弱冠，初作欧游，往返程途六万许里，阅时则三月有半，而小住英伦只十二三日，在当时留学界中传为笑谈。岂所谓"十九年矣尚有童心"者欤，抑所谓"乘兴而来，兴尽而返"者耶。"

归国后一段时间里，俞平伯继续着他的新诗创作，分别刊于《新潮》、《晨报副刊》、《新青年》、《诗》、《小说月报》等，并曾为同窗康白情的新诗集《草儿》作序；加入由郑振铎、叶圣陶等创办的文学研究会；且在浙江省第一师范学院任国文教员，在校与同为教员的朱自清成为好友。由许德邻编选的《分类白话诗选》、新诗社编选的《新诗集》，均收入俞平伯创作的新诗。在胡适的影响下，俞平伯开始对《红楼梦》研究产生兴趣。

1922年3月，俞平伯的第一部新诗集《冬夜》由上海亚东图书馆出版，内收俞平伯三年间创作新诗一百零一首，并由朱自清为之作序，许敦谷画封面。俞平伯自述印行诗集的目的：

一则因为诗坛空气太岑寂了，想借《冬夜》在实际上，做"秋蝉底辩解"；（这是我答周作人先生的一篇小文，去年在北京《晨报》上登载。）二则愿意把我三年来在诗田里的收获，公开于民众之前。至于收获的是稻和麦，或者只是些野草，我却不便问了，只敬盼着读者底严正评判罢。

二

1922年7月9日，俞平伯第二次踏上留学之路。

在动身之前的大半年时间里，俞平伯为赴美做了不少的准备工作，先是辞去浙江省第一师范学院的工作，后又由杭州至上海办相关手续。此次俞平伯赴美留学，是经过了严格的留学考试，本应1922年1月即成行的，后因香港海员大罢工，延期动身。谁知一耽搁又是大半年的时间。

和第一次留学英国情况不同，俞平伯此次留洋，是属于公派性质。通过严格的留学考试后，作为浙江省的视学，受浙江省教育厅的委派，到美国考察异邦的教育，以便用到中国的教育实践中来。但对于俞平伯来说，第一次失败的留学阴影依然存在，虽不能为此阻绝俞平伯出国学习的信心，但是并不太顺利的开始依然使他心存芥蒂。作为诗人的俞平伯依旧用他的诗歌，来表述矛盾和怅惘的心情。如创作的新诗《两年以后》（刊于《诗》月刊第一卷第二期），就写出了两年前赴英留学和此时将去美留学的心情：

> 无尽的意，待尽的长宵，半月来灯前絮语的光景，将匆匆别我去了。
>
> 待萦住罢，待挽住吧；晨星已寥寥，曙色已皓皓，月呢，已淡淡的斜，鸡呢，已高高的叫。
>
> 还是冷雾笼着，还是冷泪揾着，但两年之后了。
>
> 去了，去了！我没说什么，就这样的去了！
>
> 他虽飘零惯的，但在慈母底心头，爱子底飘零总是须怅惘着了！
>
> 昨夜的灯前，今夜的灯前，回想好无味的，况且回想还没有成呢。

诗中所表现出的，是对故土亲友的恋恋不舍，以及两年之后再度出洋留学的复杂心情。

7月9日，俞平伯从上海吴淞乘中国号船，正式赴美留学考察。到码头为俞平伯送行的有刘延陵、朱自清、郑振铎等，均为他的好友。船经日本长崎、横滨道中，俞平伯在船上依旧以作诗来表述自己二次留学的心情。在旧体诗《长崎湾泊舟》的跋语中曾云:"予前壬戌游美,往返经由,犹忆一次登岸独步,门巷愔愔,绿荫如画,惧其迷路,逡巡而返。二十余年后,万姓虫沙,岂敢遭命,宜乎前史有天道是耶非耶之叹也。"

俞平伯又作《东游杂志》(刊于《时事新报·学灯》)细诉出游途中感受:

> 我数次海行,虽均心境恶劣,但平心论之,非海行之苦,乃离别之愁思所致。惟数十日间,与世界隔绝,孟真曾比之以"宫禁生活",确是海行最苦之事。至于晕船与起居底不习惯,都只是表面的痛苦。……我从前欧游,颇崇拜欧西之生活;此次美游,则心境迥异……

十分真实地表述了俞平伯在留学途中的寂寞和痛楚,以及在不同时间的不同感受。

经过将近一个月的船行,1922年8月7日,俞平伯等才抵达美国旧金山,并取道芝加哥,前往华盛顿。在那里受到了原北大同学汪敬熙的欢迎和照顾,并参观了他工作的医学实验室,商谈入学之事,俞平伯准备学习心理学。在美国期间,俞平伯始终和罗家伦、顾颉刚、康白情、叶圣陶、朱自清、郑振铎、杨振声等保持着通信联系；亦创作新诗《八月二十四之夜》、《别后》、《呻吟》、《忆》、《到纽约后初次西寄》（二首）等，表达他在异国他乡的心情和感受。这些新诗均收入俞平伯的第二本诗集《西还》之中。

在新诗《到纽约后初次西寄》（二首）中，俞平伯写道：

（一）

薄荫本不顾剪断它底绸缪，微阳不乐减它底明媚哟！

可惜此地只有——高的楼，方的窗，凄幽的我的面庞，徒然的梳掠，发蓬松在额上。

天开时，我知道，青是这样湛湛；云生时，我又知道，白是那样茫茫；

二十四小时中间，有一度西去的夕阳，我知道的已太多了！

（二）

明靓的她，朦胧着的；谈着的她，且笑着的；挽着黑头发的她，欹着的。

夜被唤回的时分，梦被唤回的时分，笑靥被唤回的时分，摇摇的一颗心儿，逐夜而去，逐梦而去，不知哪里去了。

只撇下孤孤另另的一个我。

晓色明到一方灰色的墙上，井栏外，高高的天上，独不到我底心上哟！

诗中，身处异乡的孤寂，对亲人的思念，交织着文人特有的多愁善感，化成了诗一般的语言。

在完成了一系列对美国教育的考察之后，在汪敬熙等好友的勉励之下，俞平伯决定在美国就学，并至哥伦比亚大学办理入学手续，此时离俞平伯赴美，已过去了将近一个半月的时间。1922年9月28日，他正式到哥伦比亚大学，但第一次上课，带给俞平伯的感觉并不太好："人甚多，女生尤多，以教员未到……见哥校学生对于一年级之蛮野举动，虽夙知有此风，而目睹良诧。"（《俞平伯日记》）而俞平伯才到哥伦比亚大学上学没几天，就患上了皮癣，且多次治疗并没有明显的效果。被疾病所困的俞平伯思虑再三，又生退意，决定回国治病。

此次俞平伯的短暂美国求学之旅，又以失败而告终。在归国途中，俞平伯先是乘火车至加拿大，然后转船回国。在途中，俞平伯又作了不少新诗，表达了他内心的痛苦，自认为"又轻薄地被玩弄了一回"。在日记中，他还表露了更为复杂的情感："此次舟中与上次欧游归途中心境不同。前凝盼船到上海，此则无所可否，船上固甚闷，但亦不想如何也。心绪如斯颓暮，可惊之至。……听碧浪打窗，又是欧游境况。翻阅旧日记，为之怅然。昔游闲而焦烦，此次则沉闷，虽亦盼到吴淞而显得麻木，殆一次不如一次了……"

在旧体诗《太平洋归舟》中，颓丧情绪流露无遗："无际云寒泼墨鲜，长风撼海乱于烟。莫嫌后浪催前浪，颜色苍苍似往年。"

而在新诗《没有我底份儿》（刊于《诗》月刊）中，更表现了悲观失落的情绪：

"苦人儿，你来告诉我，你可曾有快活的日子？老老实实的告诉我？千万，千千万，请不要话没说先淌眼泪，如往常这个样子。无端便伤心使人怪腻烦的；况且，谁是《红楼梦》中底林黛玉，你知道吗？"

他这次却是没有哭，只点点头，又摇摇头。

"朋友，快说吧！不要老这样撒扭着。说吧！好朋友。"

"没有我底份儿！他们，多着呢！苦醉，若睡，若死，若愚昧，若幼年，若风颠，若狂欢，若暴怒，若笑得傻的，若哭的大的，若叫着的，若吃着的……一切，他们，不知道有我或暂时忘了我的，都正过着快快活活的日子。"

"原来他们多着呢，像大道旁野草一般多，只是没有我底份儿。"

"我也想明亮地哭着，像初生婴儿样的。但是，你听！女人们底呜咽不比我底啼声还要高亢？朋友，这期间只要我常在，没有我底份儿哟！"

三

1922年11月19日，俞平伯乘船抵上海新关码头，此次美国纽约归程走了二十三天。俞平伯表妹许宝骏回忆道："十一月中旬回到杭州。视察报告在海外时已大致写就，带回不少有关资料，余曾见之。兄西装革履，持一硬木手杖，有翩翩洋少之仪表。又购带五分钱小丛书多种，有莎翁戏剧故事及《福尔摩斯探案集》等，分赠余及七弟，皆大欢喜。"

回到杭州的俞平伯也暂时忘却了忧郁，他说："太平洋风涛澎湃于耳边未远，而今已与家人荡舟西湖中。……非但不用我张罗，并且不用我说话，甚而至于不用我去想。其滋味有如张开的鸟笼，脱网的游鱼，仰知天地的广大，俯觉吾身之自在。月余凝想中的好梦，果真捏在手心里，反空空的不自信起来。我惟有惘惘然，'我回来了'。"俞平伯这种情绪的变化和归航途中的心境形成了鲜明的对照。

第二年，俞平伯受邓中夏聘请，到上海大学中国文学系任教。

四

对俞平伯这样的五四时期的知识分子来说，随着西方先进文化思想的不断涌入，以及先进知识分子对社会文化的启蒙，出国留学，学习国外的优秀文化，成为了他们的必经之路。而像五四时期的胡适、鲁迅、周作人、傅斯年等人，都有着不同的留学经历，他们把这一切，看成是改变自己命运和国家命运的大事，并且试图将留学中学到的知识和经验，用到中国的实践中来，以一己之努力来带动和影响一大批青年，从而为祖国的富强奉献自己的一份力量。

这种想法和行动在五四前后成为潮流，特别是从北大等学校毕业的诸多青年学生，面对那时代中国政局的混乱和贫穷的社会，都想跨出国门去学习更多的知识。这样的留学大潮确也带回了诸多的先进文化，对于五四新文化运动的普及，以及向纵深发展，都是大有好处的。

俞平伯就是其中一员。有着丰厚国学底蕴的俞平伯，从小受到较为良好和正规的教育。在五四新文化的感召下，俞平伯是最早践行新诗创作和新诗理论者之一，五四时期参加"新潮社"和"文学研究会"，都使他在新文化运动中发挥了重要作用。1922年俞平伯的第一部新诗集《冬夜》，也是较早出版的新诗集之一，对新诗的普及和发展，都具有引领的作用。俞平伯选择出国留学，动机正是想学成报效祖国，但时机未必是最合适的。分析俞平伯两次失败的留学经历，不难发现第一次留学英国，显然是缺乏经验，缺乏必要的物质和思想准备，在面临突发状况时，显得手足无措；且在困难面前，没有千方百计地想办法去克服它，而是打起了退堂鼓，结果耗时三个多月旅途劳顿，仅在英国呆了十多天，而至此沦为笑谈；如果说第一次是缺乏经验的话，那么第二次性质截然不同，不仅是公派留学，而且美国的就学环境也较宽松，照理较为顺遂。但一场突如其来的疾病又摧垮了神经并不坚定的俞平伯，结果再一次半途而废。

从俞平伯两次留学失败的经历，不难发现俞平伯性格上的弱点，即思家心切，虽不断地与亲人及朋友通信联系，但依旧无法排遣身在异国他乡的孤独和苦闷；而一旦遇到疾病等生理上的打击，本来就不坚定的神经马上崩溃了，轻易就放弃了千方百计得到的难得的机会。再看俞平伯回到杭州后诗中流露出的如释重负的心情来说，和归途中诗作满含感伤和颓唐的情绪，形成了强烈的对照。恋家而又意志并不坚定的俞平伯，不得不接受"西还"未果的事实。

两次失败的留学，对俞平伯还是有较大打击的，自此以后，俞平伯几乎将重心全放在散文创作、《红楼梦》研究、古典诗词研究上，三十来岁写的文章，已显一种暮态。"西还"的失败，在俞平伯晚年的回忆文章中多次提及，可见失败的"西还"成为了他一生永远的痛！

幸好，两次失败的留学经历中，俞平伯留下了大量的诗文，这些诗文，为我们了解现代知识分子的心路历程，提供了绝好的研究资料。也使我们思考像俞平伯这样的受传统教育的现代知识分子，身处在国家震荡、社会巨变的时代里，个人在学习、成长道路的选择上所受到的影响，并在这其中自身性格又发挥着怎样的作用。这些都为我们研究现代知识分子的思想和行为，提供了一定的参照。

中 年 文 章

——1930 年代初期的俞平伯与周作人

一

1930 年 10 月底，在清华大学任讲师的俞平伯全家
迁至清华园，并把居地书房起名为"秋荔亭"。自 1924
年回北京定居以后，俞平伯先后任教于燕京大学、北京
女子文理学院、清华大学、北京大学、中国大学等校。
俞平伯在大学里教授的课程有古典小说和诗词、戏曲，
其极富个性的教学方法，使学生们受益匪浅。俞平伯有
着深厚的古典诗词修养，他所教授的诗词作法和研究，
极受学生的欢迎。根据授课笔记和研究心得，俞平伯出
版了《读词偶得》、《清真词释》、《唐宋词选释》等词论

专著，在学术界引起了不小的反响。在教书授课的同时，俞平伯和一群志同道合的好友们议议文学，有时还和朱自清、浦江清、陈廷甫等唱唱昆曲，似乎过着一种平静而又悠然自得的生活。

1931 年 5 月 21 日，时年三十二岁的俞平伯，在《新月》月刊第三卷第九期上发表了散文《中年》。俞平伯在文章中写道："当遥指青山是我们的归路，不免感到轻微的战栗。（或者不很轻微更是人情。）可是走得近了，空翠渐减，终于到了某一点，不见遥青，只见平淡无奇的道路树石，憧憬既已消释了，我们遂坦然长往。所谓某一点是很难确定的，假如有，那就是中年。"俞平伯的比喻之中掺杂了不少个人的情绪释解，"我也是关怀生死颇切的人，直到今年方才渐渐淡漠起来，看看从前的文章，有些觉得颇已渺茫，有隔世之感。"语境中不由自主地透着一丝苍凉和无奈，让人蓦然觉出一种中年的哀愁。

才三十出头的俞平伯怎么会有如此苍凉的心境，怎么会想到写中年？

五四新文化运动以来，俞平伯以新诗创作步入文坛，并且发表了不少有关新诗的理论文章，为新诗的发展做出了重要贡献。1931 年以前，俞平伯已经出版了新诗集《冬夜》、《西还》，以及散文集《杂拌儿》、《燕知草》，充分显示了他在新诗和散文创作领域的成就。然而出身书香门第，国学底蕴又比较深厚的俞平伯更像一个传统意义上的文人，作旧体诗、唱昆曲、研读古籍，俞平伯沉醉于自己的文学世界之中，自有着一份难得的闲趣。

作为五四新文化运动的健将之一，俞平伯的突出贡献在于新诗的创作和理论，顺应了五四新文化提倡白话文的潮流，和胡适、陈独秀等共同探讨新诗的发展，同时在《新青年》和《新潮》上发表大量新诗，其中有《绍兴西郭门头的半夜》、《潮歌》、《乐观》、《无名的哀思》、《黄鹄》、《冬夜之公园》等等。并在之后由叶圣陶、刘延陵主办的《诗》月刊中，继续着新诗的创作和理论，从字句安章、音节用韵、叙事说理等方面，提出了白话诗建设的条件，充分显示了俞平伯在新诗领域的主导地位。但时间仅仅过去了十多年，俞平伯《中年》一文却流露出些许消极的思想。

在 20 世纪 30 年代初期，俞平伯有这样的消极思想并不奇怪。他在和朱自清的交往中，就一起探讨过有关"刹那主义"的话题，为此朱自清有比较精辟的论述：

写字要一笔不错，一笔不乱，走路要一步不急，一步不徐，咽饭要一碗不多，一碗不少；无论何时，无论何地，有不调整的，总竭力立刻求其调整——无论用积极手段或消极的手段……总之，平常地说，我只是在行为上主张一种日常生活的中和主义。

俞平伯回应道："我们要求生活刹那间的充实。我们的生活要如灯火集中于一点，瀑流倾注于一刹那。"其实所谓的"刹那主义"，就是糅合了西方的悲观主义人生哲学和中国传统的禅宗思想和儒家现世文化，俞平伯受其影响颇深。

加之五四运动爆发以来，俞平伯历经了出国留学不顺、回家乡杭州从事创作、在各大学教书授课的过程，到1931年写出《中年》一文，那种苍凉的心态和变化，既有"西还"未果的颓唐，亦有受西方思想理论影响的关系，也有本身的性格和思想原因，另外较重要的一点是俞平伯受亦师亦友的周作人影响较大。

二

俞平伯和周作人初识于北京大学，那时周作人是俞平伯"小说研究课目"和"欧洲文学史"两门课的指导老师,当时的北大汇聚了中国新文化史上的诸多学术和文学大师,俞平伯课授师业,受益匪浅,对于其思想和创作的成长起到了重要作用。俞平伯在《〈戊午年别后日记〉跋》中曾写道:"所从受业诸先生皆学府先辈,文苑耆英也,同游诸君亦一时之隽也。"

周作人是章太炎的学生,对俞平伯的曾祖俞樾也敬重有加,对于俞平伯自然另眼相待。自北大授课相识,发现彼此在思想和情趣上有太多的相似之处,两人从师生之间的关系,渐演变成亦师亦友的关系。自 1920 年俞平伯从英国归来后开始通信,在将近半个世纪中书信往来达几千封,谈论较多的是教书和著书中的话题,亦涉及人生思想,及对社会文化的构想。"上至生死兴衰,下至虫鱼神鬼,无不可谈,无不可听,则其乐益大,而以此例彼,人情又复不能无所偏向耳。"(周作人《杂拌儿之二》序)俞平伯曾把两人的书信往来装裱成册,为此留下了一份珍贵的史料。

周作人对于俞平伯的散文十分欣赏,并为俞平伯散文集《杂拌儿》(开明书店)、《杂拌儿之二》(开明书店)、《古槐梦遇》(世界书局)、《燕郊集》(良友图书公司)作序跋,他认为俞平伯的散文有晚明小品文的特色，看似信手拈来实则反复推敲，且新旧杂糅，讲求飘逸的文风和趣味，其独特的风格、洒脱的气息，在中国现代散文中独树一帜。"平伯所写的文章自具有一种独特的风致。这风致是属于中国文学的，是那样的旧而又这样的新。……现代的散文好像是一条湮没在沙土下的河水，多少年后又在下流被掘了出来，这是一条古河，却又是新的。"（《杂拌儿·题记》）

周作人对于俞平伯散文的赞赏，既有对于得意门生在创作风格上的认可，亦有两人私交甚密而产生的人情偏向，更有创作品位和理念互相认同的缘故。"我们生活在这年头儿，能够于文字中去找到古今中外的人听他言志，这实在已是一种快乐。"（《杂拌儿之二》序）

而在这之前的 1930 年 3 月 18 日，周作人在《益世报·副刊》上，亦发表了散文《中年》。这一年周作人已四十六岁了，看似得其自然，其间所叙中年之虑，实则亦有着一种苍凉和无奈。

周作人在《中年》中写道：

我决不敢相信自己是不惑，虽然岁月是过了不惑之年好久了，但是我总想努力不至于不惑，不要人情物理都不了解。本来人生是一贯的，其中却分几个段落，如童年，少年，中年，老年，各有意义，都不如空过。譬如少年时代是浪漫的，中年是理智的时代，到了老年差不多可以说是待死堂的生活罢。然而中国凡事是颠倒错乱的……假如我们过了四十却还能平凡地生活，虽不见得怎么得体，也不至于怎样出丑，这实在要算是侥天之幸……年纪一年年的增多，有如走路一站站的过去，所见既多，对于从前的意见自然多少要加以修改。这是得呢失呢，我不能说。不过，走着路专为贪看人物风景，不复去访求奇遇，所以或者比较地看得平静仔细一点也未可知。

比起俞平伯来，周作人的中年感叹更多了一份辛辣和沧桑。周作人是五四时期的主要干将之一，他不仅亲历了五四时期的主要论争，始终站在反帝和反封建的第一线，倡导新文学批判旧文学，且是现代散文的主要创始者，在文艺理论和批评以及翻译方面都居功至伟。其突出的贡献在于散文小品的倡导和创作上，其作品"冲淡平和"的风格，用一种恬淡心情来感知周遭的一切，以平和的语调、闲散的节奏来纵古论今，抒发个人的感想，在五四时期有较大的影响力。

到了 20 世纪 30 年代的初期，周作人已少了五四时期的激情和冲动，而多了一份恬静和闲适，这既表现在他的生活和工作，也反映在他的创作之中。他提倡小品文创作，鼓吹"闭门读书论"，在 20 世纪 30 年代初革命文学风起云涌、左联成立的大环境下显得格格不入。在民族危亡时刻的沉默，为其将来的附逆埋下了伏笔。周作人的蜕变和落伍，是五四新文化的大潮荡涤后的结果。这种思想和情绪，或多或少地也影响到了俞平伯的创作和人生。

三

1930 年代是一个有点特殊的历史时期，五四新文化运动已经历了十多年，国民党政府实行独裁统治，增强了在文化领域的高压政策；同时随着左翼作家联盟在上海的成立，革命的激进的文学风起云涌。日本帝国主义正加紧对中国的侵略和扩张，国家正面临民族的危机。

出身名门的俞平伯是一个纯粹意义上的文人，自小所受的教育也十分规范，学成于当时著名的学府，后又长期任教。在所交往的朋友圈中，有黄侃、朱自清、周作人、叶圣陶、废名、浦江清等先进知识分子，亦有他的同学康白情、傅斯年、杨振声等。顺应20世纪初叶民国前后留学西洋的潮流，俞平伯也有过两次不成功的留学经历，即1920年初赴英国留学，因乏资而返；1922年又赴美留学，因病而返。西还的失败对于俞平伯打击颇大。

到了20世纪30年代初，俞平伯的生活日趋稳定，教书授课之余，创作也开始渐入佳境，由新诗而及散文，亦言亦白中充满了一种情趣和风致，这种独特的创作风格颇得周作人赏识。俞平伯整个思想的变化，显现在他颇具闲情和趣味的文章之中，以及退回书斋而独善其身的行为之中。如他写于1932年的《代拟吾庐约言草稿》中，就透露出洁身自爱的想法："生命至脆也，吾身至小也，人世至艰也，宇宙至大也，区区的挣扎，明知是沧海的微沤，然而何必不自爱，又岂可不自爱呢？"

1930年5月由废名主编的《骆驼草》周刊在北京创刊，俞平伯和周作人是主要作者。这本小型的周刊表现出强烈的独立主义倾向，也展示出刊物的政治倾向和艺术趣味。一般认为《骆驼草》的作者队伍是1930年代京派文人的雏形，但由于偏于北方一隅影响力有限。俞平伯对于左翼作家批判《骆驼草》和周作人的言论不以为然，并在题为《又是没落》的文章中予以了反驳："什么是没落？我一点也不懂，并可以说昨儿在苦雨斋把没落挂在口角上的各位师友，也没有一个真懂得的……"俞平伯对于普罗作家和左翼文学的不屑，还因为他们对其散文《中年》的批判，这是周作人写信时告诉他的。

四

比起俞平伯的《中年》来，将近五十的周作人所作的《中年》似乎更恰如其分。相较之下周作人的中年感叹更具一种无奈的况味。

1930年代初的周作人，在教书写文、翻译的同时，还在各处学校和集会上作演讲，继续阐述他的文学理论和主张。随着文学中心的南移，以鲁迅为首的大部分作家都聚于上海。与上海的革命文学和激进文人比起来，居京的作家和文化人显得有些落寞和保守。体现在周作人身上，除了《中年》一文的哀叹以外，还有"闭门读书论"和"不谈国事"等观点，而对于左翼的激进文学，他也颇多微词。他在《青年界》创刊号上作《金鱼》一文，攻击左翼作家是跟着青年跑，是投机趋时，"几个月没有写文章，天下的形势似乎已经大变了，有志要做新文学的人，非多讲某一套话不容易出色。我本来不是文人，这些时式的变迁，好歹于我无干，但以旁观者的地位看去，我倒是觉得可以赞成的。为什么呢？文学上永久有两种潮流，言志与载道。二者之中，则载道易而言志难"。

周作人的这种变化是有着复杂原因的。实际上在1928年至1929年，周作人就从一个五四新文化运动的骁将，开始渐渐地走上了消沉之路。国民党的所作所为，和北洋军阀无异，令周作人十分失望；而左翼的激进文化，又和其思想和文学主张相背。对于现实的严重失望使周作人把历史看成漆黑的一片，对于民主和对于自己都失去了信心，于是有了《闭门读书论》，有了《中年》。"历史所告诉我们的在表面的确只是过去，但现在与将来也就在这里面了……宜趁现在不甚适宜于说话做事的时候，关起门来努力读书，翻开故纸，与活人对照，死书就变成了活书，可以得道，可以养生，岂不懿欤？"（《闭门读书论》）"四十可以不惑，但也可以不不惑……平常中年以后的人大抵胡涂荒谬的多，正如兼好法师所说，过了这个年纪，便将忘记自己的老丑。想在人群中胡混，执着人生，私欲益深，人情物理都不复了解，'至可叹息'是也。"（《中年》）一言一白中表达的是同一层意思，满怀着失望和无奈去逃避着现实。

五

1931 年 9 月 18 日，日本帝国主义出兵侵占中国的
东北三省，开启了日本全面侵华的序幕。

在民族危亡的大是大非面前，俞平伯和周作人等民
主知识分子发表文章，强调救国的思想。俞平伯在《大
公报·现代思潮》上发表了《救国成为问题的条件》，
在《中学生》上发表了《贡献给今日的青年》短简，告
诫青年们，要相信自己的力量可以救中国，应当救中
国，积极创造救国的条件，并致信胡适，寻求知识分子
救国之道："今日之事，人人皆当毅然以救国自任，吾
辈之业唯笔与舌，真欲荷戈出塞，又岂可得乎！大祸几
近眉睫，国人仍如散沙，非一时狂热供人利用，即渐渐
冷却终于驰惰，此二者虽表面不同，为危亡之征候则一
也。"俞平伯还希望胡适像五四时期那样出来做领袖救
国，想法固然不错，但多了一份书生气和幼稚。

周作人同样也写文号召救国，如在《弃文就武》中
指责了反动政府不注意国防建设，对外来侵略者没有抵
抗的力量；在《日本管窥》中，又分析了日本的国民性
和缺点；在《关于征兵》中认为辽宁事件错在日本，但

中国方面也有错，并认为"修装备，这是现代中国最要紧的事，而其中最要紧的事则是征兵"。虽也倡导救国，但态度不明了且语焉不详。

中年之后的困惑，可见出同样是知识分子却有着不同的境界，消沉之后并未爆发，是个人性格、价值观所致。

六

1930年代初期，在相隔一年多的时间里，周作人和俞平伯分别写了题为《中年》的散文。一个是发出中年的感叹和无奈，一个是透着中年的苍凉，似乎想要表达的是同一种心境和情怀，实际反映的是中国的民主知识分子在后五四时期的彷徨。经过新文化运动疾风暴雨般对传统的反叛，新的文化运动向何处去，是摆在当时文化人面前的一个痛苦的抉择。是参与革命的左倾的激进文学，还是倾向为人生、为艺术的文学？或是沉寂下来，去追求趣味的平和的文学之路？每个人都在做着选择，俞平伯和周作人也用行动和文章做出了自己的选择。

中年之后的消沉，是和当时的大环境联系在一起的。亦师亦友的俞平伯和周作人似乎有着类同的想法。

相似的趣味，甚密的书信往来，相类的学术气质和性格脾性，使同题《中年》偶然中又有着一种必然，虽感叹和叙述的角度不同，所表达的思想却是一致的。当然，俞平伯和周作人还是有差别的，俞平伯是一个纯粹意义上的文人，思想上也受传统儒学的影响较深，对世事看得分明，对现实充满失望，而这种思想明明白白地表现在他的文章中，也表现在他的为人处世之中。周作人的文章风格冲淡平和，清隽幽雅，但在政治上周作人是有想法和欲望的，其自成一派的散文和他的思想是割裂的。这在他几年以后落水成为汉奸，更可清晰地看清其为文和为人的某种分裂。

中年文章，勾勒了两个文化人在一个历史时期的创作思想和心境，反映了后五四时期知识分子的彷徨，从中亦可以清晰地窥见俞平伯和周作人在中年前后的人生轨迹。

〰〰〰〰〰〰〰〰〰〰〰〰

第二辑：沈从文 / 施蛰存

〰〰〰〰〰〰〰〰〰〰〰〰

红 黑 时 光

——1928 年至 1929 年沈从文在上海

一

在沈从文的一生中，对于上海这个现代文人聚集的城市，一直没有太好的印象。1928 年初，沈从文由海路到达上海，住在法租界善钟路上的一个亭子间里。这是沈从文第一次到上海，时年沈从文二十六岁。20 世纪 20 年代末，军阀政府控制了北京政局，文化空气变得紧张起来，许多文化人纷纷南下上海，新文化运动的中心已从北京南移上海，鲁迅、胡适、郁达夫、郭沫若等人纷纷移居上海，一些重要的出版机构也迁往上海。而 1928 年的上海，正发生着关于革命文学的论争。论争方为创造社、太阳社和鲁迅。

沈从文在《记胡也频》中叙述了他南下上海的缘由："中国的南方革命已进展到南京，出版物的盈虚消息已显然由北而南，北京城的好天气同公寓中的好习惯，都不能使我们呆在一个地方不动为得计。在上海，则正是一些新书业发轫的时节，《小说月报》因为编者的方向略改，用了我们的文章，《现代评论》已迁上海，北新书局已迁上海，北新书局和新月书店各为我印行了一本书，所以四月里就离开了北京，从海道把一点简单的行李同一个不甚结实的身体，搬移到上海一个地方住下了。"沈从文的南下和文化大环境的南移有较大的关系，而主要原因是出于创作和出版的考虑。

沈从文初时到上海的生活并不习惯，一个靠稿费来维持生计的青年人，在大上海这个花花世界里显得有些不入流。虽然此时的沈从文已在报刊上发表了不少作品，也有著作出版，但在上海还没有什么名气，生活也比较艰难。在写给胡也频、丁玲、徐霞村等人的信中，沈从文表达了初到上海的感受，"到处是大楼，楼上很宽绰，但不比北京，这里烧火也是不容易，炭九毛一篓，抵北京一半多罢了。上海女人顶讨厌，见不得。男人也无聊，学生则不像学生，闹得凶"。"我打算要过了年才会转运，是寂寞也罢，我不怕。在一种类乎作僧的寂寞生活中，我却看出我是真正在活"。"若说艺术是一条光明的路，这应当拒他安置在国家观念之上。凭了人的灵敏的感觉，假借文字梦一样的去写，使其他人感到一种幽美的情绪，悲悯的情绪"。（署名璇若，《南行杂记》，刊于1928年《晨报副刊》。）

之前沈从文已在北京住了好几年，创作上也处于上升期，由于徐志摩等人的知遇之恩，在徐志摩主编的《晨报副刊》上发表了大量的作品，《晨报副刊》可以说是沈从文创作的摇篮。沈从文偶尔也在《小说月报》、《现代评论》等刊物上发表作品。做一个一流的小说家是沈从文的梦想，从北京到上海，沈从文正在一步一步地接近自己的梦想。

二

1928年3月，胡也频和丁玲也来到了上海。

沈从文和胡也频相识于1925年3月。因为沈从文初居北京期间，用"休芸芸"的笔名常向《京报·民众文艺》投稿，引起了编辑胡崇轩（胡也频）和项拙的注意，两人还特地至寓所看望沈从文，对他的创作给予鼓励，他们遂成为文章上的知己。此后，沈从文接连在

《京报·民众文艺》上发表了《狂人书简》和《市集》。沈从文曾写道："我那时的文章是没有人齿及的。我在北京等于一粒灰尘。这一粒灰尘，在街头或任何地方停留都无引人注意的光辉。但由于我的冒险行为，把作品各处投去，我的自信，却给一个回音证明了。当时的喜悦，使我不能用任何适当言语说得分明，这友谊同时也决定了我此后的方向。"（《记胡也频》）

沈从文又因胡也频的关系认识了丁玲。那时胡也频带着丁玲到沈从文的寓所，沈从文只知胡也频带来的略胖的女人姓蒋，后来写小说成名以后又改姓丁。她是唯一一个夸奖沈从文英俊好看的女人，给沈从文留下了深刻的印象。渐熟后沈从文才知丁玲是同乡，也是湘西人，双方的朋友中有不少相识的，有些还是亲戚。

沈从文和胡也频、丁玲相识以后，常有交往。或许是共同的文学兴趣把他们聚到了一起；或许是胡也频帮沈从文走上了文学之路，沈从文很是感激。在沈从文的"窄而霉小斋"中、在沈从文工作过的香山慈幼院图书馆中、在碧云寺下的一条小路上，常可见到他们三人的身影，共同议论诗作或文章，讨论着他们作为文学青年所有的梦想，办报刊、出书和写小说。

而其间发生的一件事令沈从文颇为尴尬：丁玲因为

在北京找不到工作，而给鲁迅写了一封求援的信，鲁迅误以为是沈从文化名所写，未予理会。隔不久，胡也频自称为"丁玲的弟弟"去拜访鲁迅，又被鲁迅认为是沈从文玩的把戏而拒之门外。知道此事后，沈从文颇伤自尊，就此也和鲁迅不相来往。

在上海碰上胡也频和丁玲，沈从文很高兴。他们从《小说月报》处拿到稿费以后又到杭州西湖住了三个月。沈从文的创作到了上海以后并未中止，为了生计和生病的母亲，沈从文流着鼻血也拼命地写作，可惜不久《晨报副刊》和《现代评论》相继停刊，对沈从文的投稿产生了影响。所幸不久《新月》创刊了，沈从文的作品又有地方可投了。在他的内心深处，多么希望自己来办一份杂志，使自己的作品都能发表。沈从文曾写道："因此怎样来办一个刊物，是我们常常皆打算到的一个事情。我们做梦也只想有那么一个刊物，由自己编排，自己校对，且自己发行，寄到中国内地各处地方各个读者的手中去。"（沈从文《记丁玲》）

三

而沈从文的这个梦想，因着胡也频、丁玲之助，在1928 年得以实现。

当初沈从文他们首先编辑的是《中央日报》的副刊"红与黑"。上海的总编辑彭学沛，原是《现代评论》的熟人，因投稿关系结识了沈从文和胡也频，刚好急需找人来办一副刊，于是便找到了胡也频。胡也频便同沈从文和丁玲商量，把副刊取名为"红与黑"，出刊以后取得了不错的效果。沈从文曾在《中央日报》的这个副刊《红与黑》上刊有：《上城里来的人》（第 10 期，署名茹椒）、《不死日记》（第 14—17 期，署名甲辰）、《有学问的人》（第 24 期，署名沈从文）、《屠夫》（第 30—32 期，署名巴库）、《某夫妇》（第 34 期，署名沈从文）、《采蕨》（第 39 期，署名沈从文）等。沈从文在《红与黑》上刊登的大量文稿，似乎实现了他写作的理想。特别是《不死日记》，记录了沈从文由北京到上海的心境："看到了在中央副刊发表的不死日记，就得哭。想不到是来了上海以后的我，心情却与在北京时一样的……无意中，翻出了三年前的日记来，才明白我还是三年前的我。在这三年中，能干的人，莫不成家立业生儿育女了，盛名与时间俱增，金钱和女人同来，屈指难以计数。"

此时的沈从文是痛苦和矛盾的。一方面倾注大量心血创作除了能维持生计以外，却在成为一个主流的小说家方面似欠火候，同时间风起云涌的革命文学又和沈从文格格不入；另一方面，看到身边的胡也频和丁玲卿卿我我，沈从文又有些许惆怅。二十六岁了，成家和立业都没有着落，沈从文彷徨着。

1928年10月26日，沈从文与胡也频、丁玲在《红与黑》第47期上刊出了《红黑》月刊和"红黑丛书"预告，暗示了《红与黑》即将停刊和《红黑》月刊的创刊。"事实使我们缄默，我们暂时把这工作停顿。"10月底《红与黑》停刊后，沈从文和胡也频从胡也频父亲处借了一千块钱作为资本，在萨坡赛路租房成立了"红黑出版处"，开始筹备自办《红黑》月刊，并有一系列出版的计划，包括出版"红黑丛书"和沈从文、胡也频、丁玲的一系列作品。可惜很多计划之后并未实现。

沈从文在筹办《红黑》月刊期间，因为经常向创刊不久的《新月》投稿，从而结识了胡适，并得到了胡适的赏识，这对沈从文之后的创作和人生道路产生了重要的影响。如1929年秋天他被胡适聘为中国公学的讲师。

四

1929年1月10日，《红黑》月刊正式创刊。为什么取名"红黑"？在《红黑》月刊创刊号的"释名"中有一说：

　　自然在读者方面，都有他自己的权利把红黑下一个定义，或者所下的竟是个个不同。红黑两个字可以象征光明和黑暗，或激烈与悲哀，或血与铁，现代那勃兴的民族就利用这两种颜色去表现他们的思想——这红与黑，的确是恰恰适当于动摇时代之中的人性的活动，并且也正合宜于文艺上的标题，但我们不敢窃用，更不敢掠美，因为我们自信并没有这样的魄力。正因为我们不图自夸，不敢狂妄，所以我们取用红黑为本刊的名称，只是根据于湖南湘西的一句土话。例如"红黑要吃饭的！"这一句土话中的红黑，便是"横直"的意思，"左右"的意思，"无论怎样都得"的意思。这意义是再显明没有了！

　　在《红黑》创刊号上刊登的文章有：桂山（叶圣陶）的《李太太的头发》、沈从文的《龙朱》、胡也频的《子敏先生的功课》和《便宜货》、沉默的《生计》、丁玲的《庆云里的一间小房里》等。而胡也频在"编后附记"中不仅再度阐明了办刊的方向是以创作为主，且道出了办刊的艰难和不易。沈从文曾在文中回忆过办刊的过程：

> 为了《红黑》的事情，我们于是都显得忙起来了。其中最忙的还是海军学生（胡也频），从编辑到去印刷所跑路，差不多全是他理。他去送稿，去算账，去购买纸张同接洽书店，直到刊物印出时，我才来同丁玲把刊物分派到各处，清理那些数目，或者付邮到外埠去，或者亲自送到四马路各书铺去。我记得刊物封面十分醒目"红黑"两个大字，是杭州美院教授刘阮溧先生作的。
>
> 第一期的刊物，本埠在一个礼拜内就将近卖去一千份，得到这个消息时我们欢喜兴奋得脸上发红。在各地方的朋友，都来信说我们这个刊物很好，有内容，文章有分量。（《记胡也频》）

《红黑》的出版显然也引起了大家的注意，虽是一本同人刊物，但那时沈从文和丁玲在文坛已小有名气，在商务的《小说月报》上发表过作品，特别是作为女性作家的丁玲，颇受文坛的关注。而沈从文在《红黑》月刊上发表的作品有：小说《参军》（第二期）、《神巫故事之一》（第三期）、《日与夜》（第四期）、《七个野人与最后一个迎春节》（第五期）、《一个天才的通信》（第六、七期）、《道师与道场》（第六期）、《大城中的小事情》《一只船》（第八期）等。沈从文和胡也频、丁玲除办《红黑》月刊以外，另受人间书屋的委托办了《人间》月刊，但仅出版了四期便终刊。

《红黑》月刊出到八期也结束了，这似乎也是预料中的失败。"使我们十分灰心处，是想到这次的试验，证明了我们此后的命运，作者向商人分手，永远成为一种徒然的努力。看到这三两年来上海方面所谓出版界的一切情形，盛衰盈亏的消息，就更长了多少见识。"（《记胡也频》）沈从文的怨艾中更有一种对于上海的出版市场及商业气息的无奈。

五

从1928年到上海开始，沈从文的创作渐渐地进入旺盛期。从《京报·民众文艺》起步，到在徐志摩主编的《晨报副刊》上崭露头角，再到《现代评论》、《小说月报》、《新月》、《红黑》时的渐趋成熟，报刊是他创作发表的最重要平台。

沈从文这个时期的作品，自我的抒写达到了顶峰。

作品全部用第一人称，散漫无章，全不讲求技巧，所写的情节和内容与当时社会格格不入，表现了被社会压抑太久的一种病态。略有变化之处，是从抨击社会现实到抨击外来帝国主义，但沈从文的这种批判和揭露也生怕贴上革命文学的标签。

沈从文到上海以后面临生活的巨大压力，而对大城市生活的不适应使得他在作品中，表露出对城市繁华的憎恨，以及到都市以后个人的郁闷心情：

> 今夜无意中，与也平（频）丁玲走进四川路的一个咖啡馆，到了才知道这是上海文豪开的。到此的全是历史上光芒万丈的人物，观光真是不可不算是幸事了……到了那类地方，我就把乡巴老气全然裸陈了，人家年青文豪们，全是那么体面，那么风流，那么潇洒！据说浪漫派的勃兴，是先在行为上表演，才影响到文学上的，正如革命文学家是革命成功以后来产生的东西一样……自己只能用"落伍"嘲笑自己，还来玩弄这被嘲弄的心情。（沈从文《不死日记》）

在沈从文的作品之中，描写都市青年生活的题材并非沈从文的特长。这一时期中比较有特色的是讽刺作品《阿丽思中国游记》（第一卷刊于《新月》一至八期），沈从文在这部小说中，嘲讽了中国的文坛，特别挖苦了那些孤高自傲的诗人，用动物形象来讽喻当时的社会，揭露民族的弊端，反对外来帝国主义，可谓别具匠心而又独具一格。沈从文最擅长的也是最受读者欢迎的，是关于故乡湘西题材的作品，如这一时期创作的《龙朱》、《媚金·豹子·与那羊》、《阿黑小史》、《柏子》等，这些充满湘西风情的小说反映了沈从文的童年记忆，和对孕育他的那块土地深深的热爱。城市的生活并不适合沈从文，在他的内心深处始终认为自己是个乡下人，而进入主流文坛是沈从文所迫切盼望的。

短暂的编刊生涯为沈从文发表作品提供了便利，也为他之后主编《大公报·文艺副刊》打下了基础，同时对其创作进入成熟期起到了促进和推动作用。

六

沈从文的 1928 年至 1929 年的《红黑》时光，也是和胡也频、丁玲联系在一起的。后胡也频被捕入狱被害，成为著名的"左联五烈士"之一，而丁玲女士以《梦珂》、《莎菲女士的日记》名扬当时文坛，也因被捕而"失踪"（一度传闻已被害）。沈从文于是写下了《记胡也频》和《记丁玲》、《记丁玲续集》等文回忆三人在一起的时光，加上丁玲从南京出狱后他千里护送丁玲母女回湘西老家的事，都在在展现出了一个侠胆忠义重友情的文人形象。至于沈从文和胡也频、丁玲在上海共同办刊、写作、出书等，曾被诬为"桃色新闻"（见《作家腻事》），以及沈从文晚年和丁玲的不愉快都和民国时期他在上海的这段经历大有关系，和他的《记丁玲》一文也大有关系，此乃后话。

沈从文在北京和到上海的相当长的一段时间里，是没有工作的，完全靠写作和投稿为生，生活自然过得十分窘迫。有时为了找一间便宜一些的房子而绞尽脑汁。一直到1929年的秋天，沈从文被胡适聘为中国公学的讲师后，经济状况才略有改善。

《红黑》时光是沈从文从乡村到都市的重要一步，特别是在上海和胡也频、丁玲的共同办刊生涯，虽最后以失败告终，却积累了宝贵的经验和财富。同时在上海，沈从文又结识了胡适、叶圣陶、施蛰存、徐霞村等著名知识分子和文人，这对沈从文的思想和创作，以及之后的人生道路都产生了一定的影响。

沈从文在上海的日子，在其一生中仅占短短的几年时光，但对其之后的文学生涯却起到了重要作用。如沈从文在天津主持《大公报·文艺副刊》期间对海派所发的诘难，就和上海的经历大有关系。沈从文是一个具有自由主义思想的作家，他反对政治干涉文学，崇尚文学创作上的自由。而朋友胡也频和丁玲在上海的遭遇又使他对这座城市产生了憎恨。自到上海以后的一段时间内，沈从文的创作进入了成熟期和旺盛期，尽管他的作品也遭到过左翼作家的批判，但立志步入主流文坛成为一流作家的沈从文却不为所动，经过自己的不懈努力和艰苦创作，写出了《边城》等可以名垂文学史的伟大作品。

沈从文在上海走过了《红黑》时光，再往前同样是并不平坦的人生。对于沈从文的人生和创作来说，一切仿佛才刚刚开始。

从中国公学到武汉大学

——1930 年的沈从文

1930 年，中华民国十九年，沈从文 28 岁。

一

　　1930 年 1 月至 8 月，风华正茂的沈从文在吴淞的中国公学任教。当时中国公学的校长是胡适。沈从文经好友徐志摩推荐，被胡适聘为中国公学讲师，开设的课程有"新文学研究"、"小说习作"、"中国小说史"。一个仅有小学学历的文学青年，何以被胡适聘为大学讲师？此时的沈从文在文坛已小有名气，但从事教学工作还是平生头一回，胡适看中沈从文的原因，一是十分赏识沈从文在文学创作中的才华，他的小说那时在学生中已颇有影响；二是胡适想改变当时的大学中文系重古典文学的教学，而轻新文学的欣赏和创作的状况。1930 年，五四新文化运动渐趋深入，急需一大批有志青年，加入到新文学的阵营中来，从大学教育入手，胡适等五四精英想得很深远。而沈从文出于自身的原因也想从事教学工作，既有为生计所虑，又希望借此加深文学理论素养，更想为进入主流文坛作必要的准备。

所以，沈从文希望到吴淞中国公学的愿望同样强烈。他在 1929 年 6 月写给胡适的信中，表达了这种愿望：

适之先生：

昨为从文谋教书事，思之数日，果于学校方面不至于弄笑话，从文可试一学期。从文其所以不敢作此事，亦只为空虚无物，恐学生失望，先生亦难为情耳。从文意，在功课方面恐怕将来或只能给学生以趣味，不能给学生以多少知识，故范围较窄钱也不妨少点，且任何时学校方面感到从文无用时，不要从文也不甚要紧。可教的大致为改卷子和新兴文学各方面之考察，及个人对各作家之感想，关于各教学方法，若能得先生为示一二，实为幸事。事情在学校方面无问题以后，从文想即过吴淞租房，因此间家母病人，极不宜，且贵，眼前二月即感束手也。

　　专上敬颂教安

沈从文上

　　沈从文为何选择中国公学？因中国公学为当时国内一流学府，于右任、蔡元培、胡适、闻一多、朱自清、罗隆基等均在中国公学任教或做校长。吴淞中国公学创办于 1906 年 4 月，光绪十一年为反对日本文部省颁布《取缔清国留日学生规则》，三千余名留学生回国创办了中国公学，学校设在上海吴淞镇炮台湾。1922 年议升为大学。

　　沈从文晚年回忆了自己在中国公学的教学情景：

　　第一堂课就约有一点半钟不开口，上下相互在沉默中受窘。在勉强中说了约廿分钟的乏话，要同学不要做抄来抄去的"八股论文"，旧的考博学鸿辞，学生褒的《圣主得贤臣论赋》无用，《汉高祖斩丁公论》也无用。新的什么用处也不多，求不做文抄公，第一学叙事，末尾还是用会叙事，才能谈写作……感谢这些对我充满宽容的同学，居然不把我轰下讲台！

显然，沈从文对他的初涉讲坛并不满意，教学并非是他的特长。

沈从文在吴淞中国公学呆了大约有一年的时间，这期间生活稍稳定，可以大量地阅读图书馆的书，扩大了知识领域。另外由于给学生作示范，在作品创作的文字处理和技巧上成熟了许多，并且写作开始有思想有计划。在中国公学教书期间，沈从文经常帮助学生和文学青年修改习作，并努力推荐发表。当时受他帮助的学生有何其芳、刘宇、吴晗、罗尔纲等。

1930年5月，胡适辞去了中国公学校长一职，使得沈从文也萌生去意。其实沈从文想离开的另一个原因，是沈从文追求学生张兆和没有结果。老师追求学生，并且老师还是一个颇具潜力的青年作家，这本该是一个浪漫的爱情故事，可一开始却并不顺利。

二

张兆和，中国公学外国语文学系二年级学生，美丽端庄。

1930年，沈从文在中国公学任教期间，对张兆和产生了恋情。年轻的沈从文一往情深，写了大量的情书给张兆和，但张兆和并未看中沈从文，反而觉得沈从文和别的青年并无区别，所以不给沈从文回信，并且渐渐害怕和讨厌沈从文炽热的情书。张兆和在日记中写道："又接到一封没有署名的 S. 先生的来信，没头没脑的，真叫人难受！"（1930年7月6日）为此张兆和从吴淞到上海，找到了校长胡适寻求帮助，胡适了解情况后，建议张兆和给沈从文写一封信，表明自己的态度。

　　处于痴狂爱情中的沈从文，有的是一股"乡下人"所特有的韧劲，和对待创作一样，沈从文倾注太多的激情，甚至不顾师生之道。在致王际真的信中，道出了他的内心世界："我在此爱上了一个并不体面的学生，好像为了别人的聪明，我把一切做人的常态秩序全毁了，在各方面去找那向自己解剖的机会，总似乎我给这女人的幸福，是任何人所不能给的。我所牺牲的可以说是一种奢侈，但所望，就只有这年轻聪明的女人多懂我一点。""我的世界总仍然是《龙朱》、《夫妇》、《参军》等等。我太熟悉那些和都市相远的事情了，我知道另一个世界的事情太多，目下所处的世界，同我却远离了。"

　　1930年的沈从文正沉浸在爱情之中，他有甜蜜也有痛苦，在教学和创作之余，沈从文把全部的热情都投入到爱情之中，28岁的沈从文不想让爱从眼前溜走。但张兆和的不理不睬使沈从文极伤脑筋，他只好找到张兆和的好友王华莲，打听张兆和对自己的印象，可消息总是不太美妙，沈从文陷入了爱情的痛苦之中。

张兆和出身于苏州的书香门第，为人贤淑大方。初被男人追求，张兆和处于似懂非懂之间，更何况在封建礼教还盛行的1930年代，更何况自己还是个学生，于是张兆和听从胡适的建议，给沈从文写了一封信表明了自己的态度。沈从文知道张兆和的态度以后很伤心，但他并未泯灭爱的信心，他又给张兆和写信，并且字比平时大几倍。张兆和收到信以后不知所措，她在日记中写道：

> 谁知啊！这最后的一封六纸长函，是如何影响到我！看了他这信，不管他的热情是真挚的，还是用文字装点的，我总想是自己做错了一件什么事因而陷他人于不幸中的难过。我满想写一封信去安慰他，叫他不要因此忧伤，告诉他我虽不能爱他，但他这不顾一切的爱，却深深的感动了我，在我离开这世界以前，在我心灵有一天知觉的时候，我总会

记着，记着这世上有一个人，他为了我把生活的均衡失去，他为了我，舍弃了安定的生活而去在伤心中刻苦自己。顽固的我说不爱他便不爱他了，但他究竟是个好心肠人，我是永远为他祝福着的。我想我这样写一封信给他，至少叫他负伤的心，早一点痊愈起来。（见《兆和日记》）

同时，胡适也写信给沈从文，信中谈了他对沈从文追求张兆和的看法："我的观察是，这个女子不能了解你，更不能了解你的爱，你错用情了……此人年太轻，生活经验太少，故把一切对她表示爱情的人即看作'他们'一类，故能拒人自喜……你千万要挣扎，不要让一小女子夸口说她曾碎了沈从文的心。"胡适先生可谓用心良苦，作为一过来人胡适语重心长，但他未曾料到沈从文不是一个轻言放弃的人。在真爱面前，沈从文像一个斗士勇往直前。

在沈从文的苦苦追求之下，张兆和有点动心了，至少不像初时那样顽固，并开始不再讨厌他了。在这以后，沈从文到武汉大学到青岛大学，都和张兆和保持密切的联系，还会时不时地上苏州看望张兆和，有时带上一些小礼品，有时带上几本书。一直到三年以后，在张兆和父亲的允诺下，沈从文和张兆和订婚，并于1933年9月完婚。沈从文的爱情终修成了正果。

1930年在爱情中的沈从文，执著而又痴迷。与他的教学和创作一样，沈从文总在不断地尝试和探索。沈从文的痴迷、执著、挣扎、痛苦、甜蜜，在这一年表现得淋漓尽致，和他的小说一样富有传奇的色彩。至少在1930年代，这样的爱情还是十分大胆的，那些充满甜言蜜语和情爱哲理的情书，在今天看来依旧充满了魅力，充分展示了一个青年在爱情降临之时的那种勇敢和执著。可惜原信大多已失，收入《沈从文全集》中沈从文写给张兆和的信，基本引自《兆和日记》。1930年是沈从文爱的开始，也是痛苦和挣扎的开始，只是这一切，没有想象的那般顺利，并或多或少成为沈从文离开中国公学的原因之一。或许值得庆幸的是这段感情若干年后终于有了结果。

三

除了恋爱之外，1930年，也是沈从文文学创作承上启下的一年，在这之前沈从文已发表了大量的文学作品，并且大多数以其家乡湘西凤凰为背景，反映了湘西的民风和民俗，独树一帜的风格和内容引起了文坛的关注。沈从文的创作一是为了追求文学的梦想，二是用写作来维持生计。在创作的初期，沈从文也经历过大量退稿的痛苦，可始终对自己充满信心，再加上勤勉和朋友的提携与帮助，从 1926 年开始，沈从文的作品开始见诸报刊，并且一发而不可收，曾经被誉为"多产作家"。

在写给王际真的信中，沈从文描述了他对于写作的追求："我写了两天文章只写了七百字，心的软弱就可想而知。因为还是相信挤与榨，所以并不放笔，小睡也仍然捏定笔杆，笔是三年来一家人吃饭的一枝骨杆笔……"如此苛刻地强迫自己，在 1930 年代靠写作维持生计的不在少数，但像沈从文这样拼命的却并不多。沈从文在一步一步走向自己文学梦想的顶峰。

1930 年沈从文发表的作品有：

一月　　短篇小说《萧萧》（刊于《小说月报》第21 卷第 1 号）

短篇小说集《旅店及其他》（由上海中华书局出版）

二月　　小说《灯》（刊于《新月》第 2 卷 12 号）

小说《血》（刊于《小说月报》第 21 卷第 2 号）

《一个天才的通讯》（由上海光华书局出版）

三月　《〈沉〉的序》（刊于《中国文学季刊》1卷2号）

短篇小说《绅士的太太》（刊于《新月》第3卷第1期）

评论《郁达夫张资平及其影响》（刊于《新月》第3卷第1期）

小说《楼居》（刊于《小说月报》第21卷3月号）

小说《建设》（刊于《中国文学季刊》1卷2号）

四月　《〈生命的沫〉题记》（刊于《现代文学》创刊号）

短篇小说《丈夫》（刊于《小说月报》第21卷4月号）

论文《论闻一多的〈死水〉》（刊于《新月》第3卷第2期）

五月　随笔《海上通讯》（刊于《燕大月刊》第6卷第2期）

六月　小说《微波》（刊于《小说月报》第21卷

6月号）

《沈从文甲集》（由上海神州国光社出版）

七月　　论文《论冯文炳》（收入大东书局出版
　　　　《沫沫集》）

九月　　小说《一个女人》（刊于《妇女杂志》第
　　　　16卷第9号）

　　　　小说《薄寒》（刊于《小说月报》第21卷
　　　　9月号）

　　　　小说《平凡故事》（刊于《文艺月报》第
　　　　1卷第2号）

　　　　论文《论汪静之的〈惠的风〉》、《论焦菊
　　　　隐的诗》（收入武汉大学印行《新文学讲
　　　　义》）

十月　　小说《三个男人和一个女人》（刊于《文
　　　　艺月报》第1卷第3号）

　　　　小说《1个女剧员的生活》（刊于《现代
　　　　学生》第1卷第1—6连载）

　　　　论文《我们怎样去读新诗》（刊于《现代
　　　　学生》创刊号）

十一月　论文《论落华生》（刊于《读书》月刊创
　　　　刊号）

论文《论施蛰存与罗黑芷》（刊于《现代学生》第 1 卷第 2 期）

十二月　小说《山道中》（刊于《小说月报》第 21 卷第 12 号）

小说《知己朋友》（刊于《现代文学》第 1 卷第 6 期）

论文《现代中国文学的小感想》（刊于《文艺月报》第 1 卷第 5 号）

论文《论郭沫若》（刊于《日出月刊》第 1 卷第 1 期）

长篇小说《旧梦》（由上海商务印书馆出版）

（资料来源：《沈从文全集》《沈从文年谱》）

其中由王平陵等编辑的《文艺月报》，从第 1 卷第 2 号起，几乎每期都有沈从文的作品，在不到两年的时间里，沈从文在《文艺月报》上发表小说、评论、诗歌等作品，共有二十八篇之多。

1930 年，沈从文以其充沛的写作热情，创作和发表了大量文学作品，几乎每个月都会有新作品，且大多数作品刊于《小说月报》《新月》等主流期刊。沈从文的创作渐渐地进入成熟期，其代表作《边城》就是写于三年以后。沈从文在1930年创作发表的作品，都和其过往的生活经历有关，特别是描写湘西民俗民风的作品，成为其创作的主流。可以说，沈从文在当时的作家中，并不算是最出色的，但却是最有风格的，也是最勤奋的，因为他身体里流淌着湘西的血液。在创作中，沈从文善于用第一人称语气来刻画和分析，作品讲求自我的真实性。而描写湘西的作品，极大地满足了读者对于这块陌生土地的好奇之心。

沈从文始终相信，他的作品能够位于中国文学的前列，这种强烈的自信心使得他从一开始就专注对苗民和家乡的描写，并且一发不可收拾。而1930年的创作，更多体现在创作的成熟上和对于风格的创造上。他开始把作品写得越来越长，乡土气息越来越浓郁，而随后几年所创作的《边城》《萧萧》等名作，正是基于1930年的大胆尝试。

1930年，沈从文一大贡献还在于写了不少的文学评论。这其实和他在大学教新文学课程有关，沈从文最早的几篇文学评论《论闻一多的〈死水〉》、《论冯文炳》、《论汪静之的〈惠的风〉》、《论焦菊隐的诗》，就是他教课所用的讲义。这些讲义在中国公学主办的《中国文艺季刊》上发表。后来由武汉大学为其出版了《新文学研究》讲义。沈从文所写的文学评论文章在理论上显得单薄，他比较着重于当代与历史的比较，他在逐个评论某些作品和作家时，就作家的情操抱负以及他们对发展文艺技巧、形成新的白话语言的贡献大小加以论列，这种评论的方法未必不可取，但在1930年时却显得有点固执己见和偏执，这为他以后遭受不公正待遇埋下了伏笔。

沈从文在《新月》上发表的《郁达夫张资平及其影响》，是其一系列作家评论的开山之作。而在沈从文为数不多的作家评论中，以大胆批判而著称的大部分文章都收入1934年大东书局出版的《沫沫集》中。沈从文认为好的文学评论是要采取一种美学的观念和角度，他强调作家在修辞上要雕琢字句，讲求结构，做到尽善尽美，同时要保留一点传统；认为作家不能只依靠天才和灵感，要艰苦努力地不断实践和反复修改；主张作家要"勇于写作"和"怯于发表"。沈从文自认为他的文学评论是温和的，但对一些当时稍有名气的作家的批评，还是不留情面的。这个中缘由既有性格中的某种固执，也有批评名家引起别人注意的想法，但这也同时导致了他自己日后遭人忌恨。至于沈从文之后挑起京派海派之争，恐怕更谈不上温和了。

1930 年的沈从文为什么会写文学评论？因为这时他创作到了一定的时期，急需在理论上加以充实。沈从文的早期小说不大讲求结构，但并未削弱其受欢迎的程度。同时在中国公学和武汉大学的教课中，逼得沈从文去认真解读一些新文学作品，并加以分析和评论，也使他的文学理论知识和素养，在一年中有了长足的进步。沈从文不属于任何政治派别，也不隶属于任何文学社团，所以他的创作同样不具强烈的倾向性，在文学评论上亦是如此，过多地掺杂了个人喜好的因素来加以评论，显得有失客观。如沈从文明显表示不喜欢浪漫主义作品，不喜欢郭沫若、林语堂等作家及其作品，反对幽默小品。沈从文是孤傲的，这和他在文学创作中的天才和勤奋有关。此后几十年的幸与不幸，都和他 1930 年代介入文学评论有关。

四

1930 年 9 月，沈从文辞去了中国公学的工作，赴武汉大学任教。

沈从文本来打算去的是青岛大学。原在北京和沈从文相熟的杨振声，受南京政府教育部委派，负责筹办国立青岛大学。杨振声开始在北京和上海招兵买马，也找过沈从文。后由于战争等原因，一年以后沈从文才到青岛大学任教。

1930年9月16日，沈从文到武汉大学中文系任教，职务为助教，开设的课程有"新文学研究"、"小说习作"二门课。此前武汉大学校长陈西滢，本想聘沈从文为讲师，但由于武汉大学的保守风气，和沈从文所授课程未受重视，未能聘其为讲师，这也是沈从文日后萌生去意的原因。武汉大学于9月印行了沈从文以新诗发展为内容的《新文学研究》讲义，这套讲义以线装书的形式，前半部分编选了供学生参考阅读的新诗分类引例，后半部分则是作者六篇谈新诗的论文。

沈从文在武汉大学期间，工作和生活得并不顺利，在致王际真、胡适、沈云麓的信中，表达了对武汉大学守旧风气和排斥新文学的不满。沈从文认为还是要坚持自己的创作，并自负地认为"我的文章是谁也打不倒的，在任何情形下，一定还可以望它价值提起来"。创作在沈从文的心目中，依旧有着无以伦比的重要性。比起中国公学来，武汉大学时期的沈从文教学中显得更加从容，所以沈从文有余暇阅读金文一类的书籍，甚至跟同事孙大雨学英文。沈从文同时也向胡适讨教古史和古地理的问题，但他还是想离开武汉大学。11月致胡适信中表示："若学校许可教半年解约，则明春来上海或不再返。"

1931年，好友胡也频被捕，沈从文曾多方奔走营救。胡也频遇害后，沈从文护送丁玲母子回湖南老家，错过了武大上课的时间，于是从武大辞职，在上海专业从事写作。

五

沈从文在1930年渐入教学和创作的佳境，不得不提到两个人，他们对沈从文的人生起到了重要作用。

第一个人是诗人徐志摩。沈从文是在北京时经人介绍认识徐志摩的，那是1925年9月，沈从文首次到徐志摩家拜访，第一次见到了徐志摩。沈从文曾谈到首次见面的情形："其时他还刚刚起床，穿了件条子花纹的短睡衣，一面收拾床铺一面谈天，并为我朗诵他在夜里写的两首新诗，就如同一个多年熟人一样。"一见如故而又志趣相投，徐志摩赏识沈从文身上的才气和质朴。徐志摩在接编《晨报副刊》以后，沈从文在上面发表了大量的作品，沈从文的创作由此起步，后徐志摩主编《新月》时又陆续刊登了不少沈从文的作品。正是徐志摩一步一步地把沈从文引入文坛，并渐入主流文学的创作圈。1930年沈从文到吴淞中国公学教课，也是由于徐志摩向胡适推荐，并且经徐志摩介绍，沈从文认识了叶公超、闻一多、罗隆基、潘光旦等人。沈从文从乡村走向城市、从文学爱好者成长为青年作家的过程中，徐志摩的提携和帮助起到了重要的作用。徐志摩和陆小曼结婚时，沈从文也参加了婚礼并献上美好的祝福。1931年，徐志摩因飞机失事去世，沈从文为失去一位像兄长一样的挚友而悲痛不已。

第二个人是旅美著名翻译家、史学家和文学批评家王际真。王际真，1929年受聘于美国哥伦比亚大学东亚系，是哥大中文系的创办人。他还是美国翻译《红楼梦》的第一人，把大量的中国优秀文学作品介绍给西方的读者。沈从文是1929年夏天经徐志摩介绍认识王际真的，随后两人渐渐成为无话不谈的好朋友。1930年，沈从文给远隔重洋的王际真写了大量的信函，谈他在中国公学和武汉大学的教学生活；谈他在创作上的快乐和烦恼；谈他对于张兆和的爱情。从沈从文和王际真的通信中，可以发现王际真每隔几个月会汇一笔钱给沈从文，来接济他的生活，支持他的创作。尽管沈从文创作颇勤有稿费收入，但由于稿费低加上时常拖欠，沈从文生活依旧有点窘迫。后虽有大学讲课的收入，可沈从文还得抚养同在中国公学上学的妹妹，王际真的接济使得沈从文的经济状况改善。这些保留下来的沈从文和王际真的通信，可以使我们更真实地了解那个时期的沈从文。王际真在经济上支持沈从文，与其说是出于朋友间的情谊，不如说是为了一个天才的青年作家不至于因为贫困而湮灭。

六

1930 年，沈从文从中国公学到武汉大学，在沈从文一生中，是很短暂的一年，却是对他影响很大、极为重要的一年。他从一个以写作为生的文学青年，转变成一个走上大学讲坛的老师。因着徐志摩、胡适、陈西滢的推波助澜，他实现了从一个作家向一个知识分子的转变。沈从文的教学生涯并不那么特出，连沈从文自己也承认他不是一个出色的合格的老师，其中有谦逊的成分，更多是实情。从中国公学到武汉大学，沈从文迈出了一大步，他不仅结交了许多志同道合的朋友，同时在文学理论和文学素养上也提升了不少。特别是其新诗赏析和作家评论系列，在引起了较大反响的同时，也使沈从文自己的创作走向了成熟。沈从文 22 岁初涉文坛，在离开湘西到了北京以后，历经了生活的坎坷和创作的艰辛，有在北京挨饿的经历，也有投稿被屡次拒绝的挫折；既有离开家乡的痛苦，又有办刊办报的艰苦。幸而在关键时刻，有赏识其文学才华的朋友如郁达夫、徐志摩等人的鼎力相助，才使沈从文能走出困境。

1930 年，沈从文的创作处于多产和亢奋时期。进入主流文坛成为一流作家，一直是沈从文的梦想，所以他才会如此拼命和孜孜不倦地写作，并沉淀了许多文学理论和素养，为他日后写出《边城》、《八骏图》等传世佳作，做了较好的铺垫。仅 1930 年沈从文就出版了《旅馆及其他》（中华书局）、《一个天才的通讯》（光华书局）、《沈从文甲集》（神州国光社）、《旧梦》（商务印书馆）等四本书，已渐渐接近创作的巅峰时期。1930 年中国左翼作家联盟在上海成立，标志着革命的进步文学的诞生。对此沈从文是冷眼旁观的，他不反对革命文学但也不参与，穷其一生都没有站好队伍。沈从文的文学观是讲求独立的，而不依附于政治之上，此种颇有些自由主义的思想，在中国当时的大环境下显得格格不入，沈从文的年轻气盛使他之后参与了不少文坛的笔战，如比较有名的"京派海派之争"。好友胡也频和丁玲曾和沈从文共同办过《红黑》副刊和《红黑》杂志，但当加入革命队伍的胡也频因革命活动而被捕后，沈从文虽多方营救，但最终等来的还是胡也频牺牲的消息。这并没有使沈从文觉醒，反而让他对革命有了看法。这也是1949年以后，沈从文很长一段时间里被人遗忘的一个原因。

1930年，是沈从文从一个青年作家进入主流文坛，成为一个知识分子的关键一年。从中国公学到武汉大学，表面上看是沈从文作为教授的开始，而实际上是沈从文走出创作圈、走入另一个更大知识圈的开始。这种"走入"是有前提的，一个从小城凤凰走出来的"乡下人"，能在文坛上找到自己的一席之地，沈从文所付出的努力，远比想象的要艰辛。当然也离不开朋友的帮衬，离不开那个文学时代胡适、徐志摩等先行者为了传承五四新文化精神，而对后继有志青年的提携。但由于沈从文本身所固有的自由主义的文学思想，他除了在创作上出类拔萃以外，始终游走在整个新文学大环境的边缘。由于不懂外语和没有较高的学历，也被一些同时代自视清高的知识分子所轻视。通向主流文坛之路，沈从文走得并不轻松。

七

沈从文是一个伟大的作家，但未必是一个激进的知识分子，他有良知也有正义感，但始终没有站在队伍的前列。1930 年对于沈从文来说，有太多的记忆，他的创作、他的生活、他的爱情、他的人生，在这一年都发生了巨大的变化，28 岁的沈从文在渐渐地走向成熟，他第一次走上了大学的讲坛；第一次为了自己所爱慕的女学生而神不守舍；第一次可以运用文学理论对一些作品和作家作出评判。28 岁的沈从文未必会料到他以后会卷入京派海派之争；未必会料到他以后会主编《大公报》文艺副刊；未必会料到他相助的丁玲以后会反目成仇；未必会料到抗战时期他会颠沛流离；更不会料到1949 年以后他会放下手中的笔。一切都未曾预料，命运同样不可捉摸，但 1930 年的沈从文是真实而清晰的。

从中国公学到武汉大学，沈从文在课堂上用湖南乡音讲述着中国新诗的赏析，在吴淞的狭窄的居所内埋头创作着他的作品，在书信中一次又一次倾诉着他对一个叫张兆和的女学生的感情，在上海的四马路书店挑几本自己喜欢的书籍…

1930 年已离我们远去，但往事却并未模糊！

沈从文施蛰存断鸿记

　　1933 年 12 月，沈从文致信施蛰存，聊谈了一些文坛的状况，规劝施蛰存不必在意文坛的纷争，并希望南北文人之间有稿件的交流。这是沈从文写给施蛰存为数不多的信函之一，自封为"京派"的沈从文对于上海的施蛰存有着较好的印象，在施蛰存主编的《现代》上也发表了不少作品。而沈从文此封信由于收入了孔另境所编的《现代作家书简》（生活书店 1936 年 5 月版），才得以保存了下来。

　　沈从文在信中写道：

　　蛰存兄：

来信并转巴金信，皆已如嘱转致，可释念。关于《萌芽》被禁事，巴金兄并无如何不快处。此间熟人据弟所常晤面者言之，亦并无误会兄与杜衡兄等事，因上海任何谣言，似乎毫无知之者，故无传闻，亦复无误会也。上海方面大约因为习气所在，故无中生有之消息乃特多，一时集中于兄，不妨处之以静，持之以和，时间稍久，即无事矣。刊物能想法坚持下去，万勿因小故而灰心，环境恶劣则设法顺应其势以导之。即一时之间，难为另一方面友好所谅解，亦不妨且默然缄口，时间略长，以事实来作说明，则委屈求全之苦衷，固然必不至于永无人知也。弟于创作即素持此种态度，不求一时面面周到，惟老老实实努力下去，他方面不得体之批评，无聊之造谣，则从不置辩，亦不究其来源，亦不亟图说明，一切皆付之时间。久而久之，则一切是非俱已明白，前之为仇者，莫不皆以为友矣，前之贬弟文为不值一文者，乃自知其所下按语之过早矣。弟以为从事文学者，此种风度实不可缺少，因欲此一时代所有成绩较佳，固必需作者间有此坚韧性才克济事，想吾兄亦必以为然也。《现代》得兄努力，当年来之成绩，实使弟之钦佩之至，以弟之意，即书店环境不佳，无一稿费，友朋间犹应将此刊物极力维持，能写稿者写稿，负编辑责者耐忙负责，何况尚不至于如此为难。关于与鲁迅争辩事，弟以为兄可以不必再作文道及，因一再答辩，固无济于事实得失也。兄意《文选》《庄子》宜读，人云二书特不宜读，是既持论相左，则任之向左可，何必使主张在无味争辩中获胜。

天津《国闻周报》希望得兄与杜衡兄创作，若能特为写一短篇，作新年号用尤佳。兄若需款甚急，可与文章到时代为设法即日汇申。申津之间邮汇固不出三日外，亦不至于久待也。《文艺副刊》实亦亟盼为作文章。望舒若能写一法国文学现状之通讯文章，《国闻周报》必欢迎之至，去函时代为一提及。

专颂近安。

弟从文顿首　二十二年十二月十五日

1933 年 9 月沈从文开始主编《大公报·文艺副刊》，同编者有杨振声、朱自清、周作人、林徽因等。沈从文主持了大部分编务，副刊逢每周三、六出版。当时北平聚集了一批既不屑于国民党独裁统治，但又与左翼文学保持距离的民主作家，沈从文的《大公报·文艺副刊》渐渐把这些作家聚集起来，从而博得了"京派文人"的称号。沈从文在致沈云麓信中谈及："《大公报》弟编之副刊已出版，皆知名人士及大教授执笔，故将来希望殊大，若能坚持一年，此刊物或将大影响北方文学空气，亦意中事也。"

而在上海，施蛰存主编之《现代》正鼎盛一时，由于现代出版社经理张静庐坚决要把杜衡拉入《现代》杂志，并和施蛰存一起主编。施蛰存对此颇为不快而又无可奈何。而更叫施蛰存头疼的是 1933 年 10 月，因给上海《大晚报》推荐书目《文选》《庄子》，而与鲁迅打起了笔仗。事情的起因并不复杂，施蛰存建议青年读点《文选》《庄子》，鲁迅先生于 10 月 1 日之《申报·自由谈》上，用笔名丰之余写了《感旧》一文，对施蛰存劝人看《文选》和《庄子》进行了无情的讽刺，认为和 20 世纪 30 年代所出现的"复古思潮"一脉相承，是五四新文化运动的倒退。为此，双方都撰文进行论争。鲁迅在《感旧》中写道："排满久已成功，五四早经过去，于是篆字，词，《庄子》，《文选》，古式信封，方块新诗，现在是我们又有了新的企图，要以'古雅'立足于天地之间了。假使真能立足，那倒是给'生存竞争'添一条新例的。"施蛰存便写了《〈庄子〉与〈文选〉》一文对自己的推荐作了说明："可以参悟一点做文章的方法，同时也扩大一点词汇"，"只是希望有志于文学的青年能够读一读这两部书。"而在文尾对鲁迅之文表述了不同的看法："至于丰之余先生以为写篆字，填词，用自刻印版的信封，都是不出身于学校，或国学专家们的事情，我以为这也有点武断。这些其实只是个人的事情，如果写篆字的人，不以篆字写信，如果填词的人做了官不以词取士，如果用自刻印版信封的人不勉强别人也去刻一个专用信封，那也无须丰先生口诛笔伐地去认为'谬种'和'妖孽'了。"施蛰存初时并不知丰之余就是鲁迅，并且由于后一篇争辩的文章，引来了更大的麻烦。起初几番争辩下来，倒也心平气和，偶有几句骂人的话，也是绵里藏针。但当施蛰存从黎烈文那里知晓丰之余就是鲁迅以后，在推荐鲁迅书的同时不忘挖苦一下丰之余，这引起了鲁迅的极大愤慨，于是有了《扑空》一文，于是"洋场恶少"的骂名让施蛰存兜了几十年。

施蛰存和鲁迅关于书目之争，历时近一年，双方从当初就该不该选古文作为青年的推荐书目，发展到后来意气用事，并相互挖苦和讥讽，已背离了原先关于选古文是否复古的论题，其间并无其他人参与。1933年的施蛰存更多表现出一个书生的本色，在左联从创立到解散、革命文学从兴起到渐退，普罗文学渐渐占据1930年代文学的主流这期间，施蛰存始终恪守着自己的文学信仰和创作主张。从1932年主编《现代》开始，声名渐隆，如果说，施蛰存从前仅仅以翻译和创作小说为主的话，那么《现代》的巨大成功则标志施蛰存在文坛具有话语权的开始。所以，即使在论争中施蛰存也敢和当时的文坛领袖鲁迅叫板，论争的孰是孰非在今天看来并不重要，且在事后鲁迅和施蛰存都认为有些无聊。但和鲁迅的论争却使施蛰存颇受打击，不仅《现代》的销量受到影响，而且在文坛的地位越来越边缘化。而从沈从文的信来看，沈从文是偏向施蛰存的，认为鲁迅的观点太左，同时也认为这样的争辩有些无谓。

施蛰存的烦恼似乎不止这些，从沈从文信中还可以看出一些端倪。从大处来说，普罗文学的盛行使得在1930年代的文学大背景下，创作上佳作层出不穷的同时，文坛的论争和笔仗也不断，再加上国民党当局试图用民族文艺来占领思想文化领域，对左翼文学采取禁毁等高压政策，1930年代的文坛确实有点热闹。但施蛰存的创作受外国作品的影响较大，如一些现代派的小说，大都和现实无涉，显得不那么积极。虽未招致文坛的诟病，可从鲁迅的言语中，也不难看出对施蛰存的不屑。

从小处来说，《现代》杂志风光无限的同时，内部也有隐患，这主要在杜衡加入主编者以后。起因是1932年《现代》一卷三期上发表了苏汶（杜衡）的《关于"文新"与胡秋原的文艺论辩》，从而在文艺界引发了一场关于"第三种人"的论辩，许多当时文坛的著名人士都参与了论争，鲁迅也作了《关于"第三种人"》加入了论战。其论争的焦点是在文艺上政治上，存不存在既不接受马克思主义又不接受法西斯主义的文艺理论，即所谓的"中间派""第三种人"。由于《现代》上发表了不少有关"第三种人"的论争文章，而施蛰存的好友作家穆时英又当上了国民党图书杂志审查委员，主要参与论辩的苏汶（杜衡）后又加入了《现代》杂志，所以一段时间以来，办刊方针不左不右的《现代》被认为是"第三种人"的同人刊物。而从未发表观点并参与论争的施蛰存也被误作"第三种人"。施蛰存在晚年曾回忆了《现代》由盛至衰、杜衡加入的一些情况：

我个人实际上只编了《现代》的第一卷和第二

卷，共十二期。从第三卷第一期起，杜衡加入了编辑任务。这一改变不是我所愿意的。当时现代书局资方，由于某一种情况，竭力主张邀请杜衡参加编辑工作，并在版权页上注明二人合编。杜衡是我的老朋友，我不便拒绝，使他难堪，但心里明白杜衡的加入，会使《现代》发生一些变化。编第三卷和第四卷的时候，我竭力使《现代》保持原来的面貌，但已经有些作家，怕沾上"第三种人"的色彩，不热心支持了。

施蛰存回忆中对杜衡加入的原因语之未详，其实和1933年创刊的大型文学期刊《文学》有关。由茅盾和郑振铎筹划和发起的《文学》，是继商务《小说月报》停刊后所创办的又一重要文学期刊，由傅东华主编。据传原来《文学》先找杜衡当编辑，后被现代书局硬挖过来。创刊后的《文学》所刊文学作品，具有较高的水准，其作者大部分为原来"文学研究会"的成员，且开本和文章容量与《现代》近似，形成竞争之势。自己倾注了大量心血和文学理想的《现代》，由于内忧外患而处于相当不利的境地，施蛰存能不烦恼吗？

沈从文的信札表明了他对于施蛰存境况的关注，对于施蛰存的创作亦给予关注和肯定，并就坚持个人创作理念和风格表达了自己的看法。沈从文和施蛰存的交往始于 1927 年的下半年，随着文艺中心的南移，大批的文化人和知识分子不约而同地汇集到了上海。沈从文就是其中的一个。在上海和施蛰存相识后，由于彼此志趣相投成为好友，并参加了施蛰存在松江举办的婚礼，共品松江名产四腮鲈鱼。真正的交往要从 1932 年施蛰存主办《现代》杂志以后算起，而此时沈从文已离开上海，到青岛大学教书。施蛰存因编《现代》的关系常向沈从文约稿，在书信往来中更加深了友谊，并时常探讨文学上的一些问题。沈从文 1933 年 12 月 15 日致施蛰存信，就是其中之一。

沈从文在信中和施蛰存探讨文坛风气问题，其实是有感而发的，因为 1933 年 10 月沈从文在《大公报·文艺副刊》上发表了《文学者的态度》一文，对"在上海寄生于书店、报馆、官办杂志，在北平寄生于大学、中学、教育机构"的作家提出了批评。上海的苏汶（杜衡）在《现代》杂志上载文《文人在上海》提出了异议，认为"把所有居留上海的文人一笔抹煞"了，从而引起了一场关于京派和海派之争。

这场有关京派和海派的论争，是中国现代文学史上一场著名的论战，不仅时间跨度长而且参加论争的人也不少，大家心平气和地面对文坛上的寄生和丑恶现象进行鞭挞，对于净化当时的文坛风气是大有好处的。沈从文为什么会发起这样的一场论争？因为沈从文在1927年以后曾在上海待过将近三年的时光，对于上海文坛的情况多有了解，后虽到北方但依旧关注着南方文坛。自在《大公报》发表文章以后，沈从文虽然对京派和海派都有所批评，但在客观上指责上海文坛的不良习气多一点。于是居于上海的许多作家都撰文表述自己的观点，其中有韩侍桁、曹聚仁、徐懋庸、荆有麟、鲁迅、芦焚、林希隽等。沈从文后又发表了《论"海派"》等文章，除进一步阐述自己的观点以外，还对他所认为的"海派文人"进行了界定："茅盾、叶绍钧、鲁迅，以及若干正在从事文学创作杂志编纂人（除吃官饭的作家在外），他们即或在上海生长，且毫无一个机会能够有一天日子同上海离开，他们也仍然不会被人认为海派的。""海派作家和海派风气，并不独存于海派一隅，即使在北方也有。"此文一发表虽还有不同的意见（如指责沈从文扬京抑海），但没有以往论争的那种针锋相对剑拔弩张的火药味，论辩也渐渐平息了。鲁迅发表于《申报·自由谈》上的《"京派"与"海派"》，成为了综论京派和海派的经典：

> 北京是明清的帝都，上海乃各国之租界，帝都
> 多官，租界多商，所以文人之在京者近官，没海者
> 近商，近官者在使官得名，近商者在使商获利，而
> 自己亦赖以糊口。要而言之，不过"京派"是官的
> 帮闲，"海派"是商的帮忙而已。但从官得食者其
> 情状隐，对外尚能傲然，从商得食者其情状显，到
> 处难以掩饰，于是忘其所以者，遂据以有清浊之
> 分。而官之鄙商，固亦中国旧习，就更使"海派"
> 在"京派"的眼中跌落了。

二

1933年沈从文写给施蛰存的这封信，不长，但颇
可说明一些事由。

1933年，是一个怎样的年份？日本侵略者加紧对
中国的侵略，侵占了遵化、唐山等地，威胁平津，国民
党政府与日本签订卖国的《塘沽协定》；在文化领域，
国民党继续实行高压政策，并颁布查禁普罗文艺的命
令。丁玲、潘汉年、洪灵菲等先后被捕，邓中夏、潘谟
华、杨杏佛等先后遇害。大型文学期刊《文学》在上海

创刊，茅盾的著名小说《子夜》出版，左联继续出版期刊号召民众共同抗日。1933 年的文坛也发生了几次论争，如"京派与海派"之争，谁是"第三种人"，该不该推荐古文书目等。新文化运动也渐趋深入，共产党和国民党在意识形态和文化领域的争斗也越加尖锐，各种思潮和各种文化的碰撞，时常会迸出惊人的火花来。据守平津之文人的保守和闲趣，和迁至沪上之文人的好斗和冲动，形成了鲜明的对照，于是有了境遇颇为相似的两个文人之间的一封信。

沈从文似乎在劝说施蛰存，似乎又在说服着自己。1933 年的文坛有点热闹也有点无奈。由于沈从文在上海曾居住过将近三年的时光，对于上海文坛的种种现象曾有所目睹，又深受胡适自由主义思想影响，沈从文对于左翼文化颇有点看法，并时常流露出讥讽的意味。在沈从文看来，唯有创作才是立足文坛之本，并且不止一次地表达这种看法。而在写这封信不久以后，沈从文即在天津《国闻周报》开始连载小说《边城》，这篇小说是一边写一边刊登的，全文共分 11 次发表于《国闻周报》的第 11 卷 1—4 期、第 10—16 期，到 1934 年 4 月 23 日全部登完。《边城》是沈从文的代表作品，也是中国现代文学中的重要作品。《边城》以湘西的茶峒为背景，描写了一个富有传奇色彩的故事。沈从文似乎在实践着自己的诺言，在创作上付出的大量心血和劳作终于收获了果实。一个从凤凰古城走出来的"乡下人"，没有很高的学历没有留洋的经历，靠着自己的勤奋和刻苦，再加上胡适、徐志摩等人的提携，开始进入主流文坛。在和胡适、徐志摩、杨振声、朱光潜、郁达夫、朱自清、叶公超等一批教授、学者、作家等接触中，不知不觉受到熏陶，渐渐沾染上文士气。参与并挑起"京派海派之争"就是一例。赞扬京派而菲薄海派，反映了沈从文思想的倾向性。在写给施蛰存的信中，沈从文不断地表示一种超然的态度，是置身事外的清醒还是身陷其中的糊涂？沈从文并非一个看客，语重心长的劝说之中，更有着自己心态的流露。他和施蛰存是文学创作上的好友，彼此性情上颇多相似之处，思想上也有诸多类通。对于施蛰存以及《现代》的困境，沈从文颇能理解。

从本质上说，施蛰存亦是一个真正的文人。《现代》的成功有多种因素，一是当时没有大型文学期刊，二是在倾向上保持中立，发表各派的作品，三是融进了大量的商业因素，如办特大号、加强与读者沟通等。施蛰存有着丰富的办刊经验，在这之前即主办过《无轨列车》、

《新文艺》等期刊,虽然出版周期不长却在读者中产生了较大的反响。施蛰存也创作和翻译小说,并且出版和发行了几部小说集和翻译作品集。施蛰存的小说创作受外国作品的影响较大,是中国较早进行现代派小说创作的,如《梅雨之夕》、《将军底头》、《石秀》等,在当时的文坛引起较大的反响。可惜到1940年代以后,施蛰存不再进行小说创作,转而从事古典文学研究和碑帖研究。

三

1933年一封文人间的信札,可以引申出那个年代的很多事由,从文人办刊到文人之争,从普罗文学到民族文艺,从京派的保守到海派的激进,从左翼文化到幽默文学,那些纷繁的事由成为了各种流派和社团间争锋的焦点。沈从文和施蛰存,两个经历迥异的知识分子,却在文坛上扮演了几乎类似的角色,他们有着相同的文学理想和目标,有着对于左翼文化的共同看法。从他们的身上可以看到1930年代的文坛及思想状况。后来他们都消失在主流文坛以外,这也和他们在1930年代的作为大有关系,特别是至此施蛰存背上"洋场恶少"的骂名几乎大半辈子,同样地,沈从文的不革命使他在后半辈子再也没有拿起笔进行文学创作，是悲是喜是祸是福，一切无可预料。两人后半辈子极其相似的一生命运，使我们重读这封写于 1933 年的信时倍感沉重。如今斯人已去，当我们回望 1930 年代之时，依然无法忘记其时的沈从文和施蛰存，无法忘记《边城》和《现代》杂志，和那些发生在文坛的论争。

或许，历史永远不会磨灭这一切！

1947 年前后的沈从文

一

在中国现代文学作家中，沈从文是一个高产作家，他所描写的湘西题材的小说，是他创作风格形成的关键，特别是小说《边城》，使其跻身于一流作家之列，也奠定了其在现代文坛的地位。前几年出版的《沈从文全集》，扬扬洒洒三十二卷，据称为沈从文作品收得最全的一套书，一至十七卷为小说、八至二十七卷为散文和书信、二十八至三十二卷为文博研究论著。仔细读会发现沈从文无诗集和译作。

沈从文是一个土生土长的作家，没有好好地上过学，更没有出过洋留过学，他的成功，很大一部分是缘于个人的努力和自学成才。

作为一个作家，沈从文自 20 世纪 20 年代踏入文坛，以其高产的创作和具有浓郁湘西风情的特点，逐渐在主流文坛占有一席之地。自参与京派和海派之争以后，沈从文除创作以外，亦在文学评论和理论研究方面，发表了不少文章，凸现了他对于文学对于社会的思考。但其文较少涉及政治时事，这是沈从文作为一个作家的立场和特点。换言之，沈从文对以左翼为代表的激进文学，一直采取较为抵触的态度。这也因此成为了沈从文在建国前后被诟病的原因。

二

到 20 世纪 40 年代后期，沈从文改变了一贯的文风，在《益世报·文艺周刊》等报刊上，发表了不少有关政治时事的文章。其中以"废邮存底"、"新废邮存底"等集与刊文最多。

如在 1947 年出版的《龙门杂志》上，就刊有沈从文的《新废邮存底》，题为"复一湖南记者问题"，这是难得一见的沈从文作为一个作家对湖南问题发表看法，文不长，兹录如下：

……湖南问题多，许多事恐均得家乡人自己重新着手，由检讨，认识，进而试作种种认识，三年五年无结果，十年八年当可望有个转机。若凡事待中央，待政府，由上而下，恐只有赋役两政上头特别有兴趣，其它事进行必相当迂缓困难，不易见功！更何况有许多问题政府亦无可为力，终得自己想办法。同乡中大将军已极多，而一个湖南大学，至今犹不能和武大，浙大，比肩。学术专家们独自为战，虽尚掌得出手，惟散沙一盘，不相粘附。至于政治集团表现，除西北一伙蹩扭不谈，在这方面却不免居于一种完全劣势的情况中，多只能点缀于热闹场合幕僚间，成一单位更站不起。此实一悲剧问题。为补救计，新湘学真需要有人提倡，如何配合各方面长处，吸收余力，使地方有计划多培养几个优秀、朴实的读书人，一方面有人为国干城，肯打死仗，一方面也还有人尚知把家乡田园、土地、学校、工厂弄得有条有理，使万千孤儿能受教育，战士家属还活得下去，凡为火所毁为血所浸的城池，民族教育意义长存，如彼或如此，有多少事待做，似均值得少壮有心人来重新作计划。尊作实具

"新认识"，深盼能继续有更多的作品问世，长处弱点，问题所在，搜罗无遗，并鼓励同行从事此种报导，将来当成为"新湖南"。

作为一个湖南人，沈从文对于自己家乡的关注，是如此的真切，那慷慨激昂的文字，在沈从文以往的文章中是不多见的。

其实在这之前的 1946 年，沈从文就曾在 7 月 30 日的《大公报》上发表《湘人对于新文学运动的贡献》，文中对五四以来湘人在新文学各方面的贡献进行了鸟瞰似的评价，除了肯定田汉、丁玲、张天翼、刘梦苇、刘大杰、李青崖、舒新城、袁昌英、成仿吾等一大批湖南籍的作家、评论家、出版家所取得的成绩以外，对于湖南教育界培养出毛泽东、滕代远等革命志士也给予了肯定。看似沈从文是在对湖南的情况发表意见，而实际上未必不是对那时社会的担忧。

三

自 20 世纪 20 年代在《晨报副刊》上发表作品始，沈从文通过自己的努力，和对文学的独到领悟，一步步成为当时的一流作家，并开始在主流文坛发出声音。特别在主持《大公报·文艺副刊》和创作小说《边城》之后，俨然成为了京派文学的代表人物，其地位和名声也日隆。随着他文坛地位及创作水平的提高，当年那个从凤凰城走出的乡下孩子，已迈入了文学的最高殿堂。沈从文的变化是悄然渐进的。但一直以来，沈从文基本不关注政治和时事，且对于此有一种隔离的态度。在20世纪40年代后期，却有了一些变化，这种变化也不可避免地体现在沈从文的创作上。

　　1946年5月抗战胜利后，西南联大在1945～1946年度结束后，开始考虑复员计划，并平津迁移。沈从文7月携家眷从昆明飞抵上海，到沪以后，叶圣陶、巴金、郑振铎等好友与之见面，众友人劝他留在上海，不要到北平去。在和叶圣陶的交谈中，沈从文表达了对内战爆发的担忧。恰此时闻一多又在昆明被国民党特务暗杀，更激起了沈从文内心的愤慨，他认为在云南负责治安的湖南人难咎其责。因此，此时沈从文的写作，更多地开始关注社会问题。

　　1947年，沈从文飞往北平，在北京大学任教，住在沙滩中老胡同三十二号的北大宿舍中，同时还担任《益世报·文艺周刊》、《大公报·星期文艺》、《平明日报·星期文艺》等处编辑，此时创作的大部分作品均刊于《益世报·文艺周刊》上。从抗战胜利后的昆明西南联大返回北京，沈从文曾在《新烛虚》中描述他返回北京的印象和心情，对于当时的社会现状，有着自己的看法："读书人纵无能力制止这一代战争的继续，至少还可以鼓励更年青一辈，对国家有一种新的看法，到他们处置这个国家一切时，决不会还需要用战争来调整冲突和矛盾！"

时年四十五岁的沈从文为何有一些消极和无奈呢？至少在常人眼中，四十五岁的他正处旺盛之期，但沈从文赖以为名的小说创作，却进入了一个衰退期。一方面由于文学创作的进步和为人民写作渐成当年文坛的主流。而沈从文的创作显然是有悖于主流的，所以受到的质疑声也越来越多，为此沈从文特作《政治与文学》予以说明。但其在小说创作中的衰退，则是不争的事实。1946 年在朱光潜主编的《文学杂志》上发表的小说《巧秀与冬生》（第二卷第一期）、《传奇不奇》（第二卷第六期），成为了沈从文创作生涯发表的最后两篇小说。

与小说创作相反，这一时期，沈从文在时评和论文方面写作颇多，经历抗战和西南联大的艰辛，以写文教书为职的沈从文也有了对社会新的看法。在波折之后的积淀和爆发，成为了这一时期沈从文创作的主流。但

1947 年 8 月底，沈从文在接受彭子冈夫妇采访时，还是坦率地承认，自己一生早年目睹了太多的打杀，由此而最怕战争，只想做一个本分的读书人。同时沈从文也承认未能像闻一多等人那样热心关注政治，是他本身的一个弱点，其中既有承受生活压力的问题，也有反抗性不强的原因。沈从文还重申了创作在他生命中的重要地位。这篇表达和反映沈从文在 20 世纪 40 年代后期的思想的重要文章，刊登在 1946 年 9 月 3 日的《大公报》上。

这次采访中还有一个细节，抗战初期，共产党曾欢迎作家去延安，响应号召的作家不少，其中就有沈从文的好友丁玲。当问到沈从文为什么没有去时，他表示不习惯受管束，也不想管束别人，一个作家还是要以作品来说话。"丁玲他们为什么去了，反而倒没有什么作品了呢？"这话暴露出了沈从文对于政治干涉和领导文学，内心还是有一种抵触情绪的，和他当年看不惯左翼激进文学、讨厌海派是一脉相承的。

之后在上海出版的《文潮月刊》第一卷第五期上，沈从文的《一种新的文学观》则进一步反映了他的文学思想。沈从文在文章中写道：

国家进步的理想，为民主原则的实现。民族政治的象征，属于权利方面虽各有解释，近于义务方面，则为各业的分工与专家抬头。在这种情形中，一个纯思想家，一个文学家，或一个政治家，实各有其伟大庄严处……然而我们在承认"一切属于政治"这个名词的严肃意味时，一定明白任何国家组织中，却应当是除了几个发号施令的负责人以外，还有一组顾问，一群专家，这些人的活动，虽根据的是各种专门知识，其所以使他们活动，照例还是根据某种抽象原则而来的……一个文学作家若能将工作奠基于对这种原则的理解以及综合，实际人性、人生知识的运用能用文学作品作为说明，即可供给这些指导者一种最好参考，或重造一些原则，且可作后来指导者的指导。

　　沈从文的这番理论，似乎和接受《大公报》采访时的谈话有些不一致，反映了他在经历抗战之后的文学观念的波动，以及创作和思想的挣扎。显然他在文中是有所指的，对于当时文坛的一些状况，沈从文是看在眼里的，也有着自己的思考，对附加政治因素的文学，沈从文婉转地提出了批评，并阐述了真正的文学观应是人性和人生的反映，而不是专供指导者看的。

四

　　沈从文的这种变化，还是招致了不少人的批评，这种文坛的激烈争斗，给沈从文今后的命运，留下了一个隐患。

　　沈从文1947年前后的大量时评及文学评论的文章大多以"新废邮存底"的名义发表，其中涉及社会现实的不少，对于处在内战之时的中国，充满了一种忧患之情。他还通过文学谈论，通过对五四文化的解读，进一步阐述自己的一些观点。如1947年10月21日的上海《益世报》上，发表了沈从文的《一种新希望》一文，文中谈到了三种新的发展"一是政治上第三方面的尝试，二是学术独立的重呼，三是文化思想运动更新的综合"。此文发表后，受到了邵荃麟等人的强烈抨击，认为他是鼓吹中间路线，是"配合四大家族和平阴谋的一部份"、"是直接作为反动统治的代言人"、"是介于二丑与小丑之间的三丑角色"等。这已不是简单的批评了，而是将他作为一个对立面来打击了。

　　1948年初，沈从文发表的《芷江县的熊公馆》一文，是为了纪念熊希龄去世十周年而作，文中盛赞熊的悲悯与博大，还提及了熊家的豪华富贵等，这就遭到了冯乃超等人的严厉批判，"文章掩盖地主剥削农民的生活现实，粉饰地主阶级恶贯满盈的血腥统治……地主阶级的弄臣沈从文，为了慰娱他没落的主子，也为了以缅怀过去来欺慰自己，才写出这样的作品来，然而这正是今天中国典型地主阶级的文艺，也是最反动的文艺"。

更为猛烈的炮火随后而至。1948年3月1日，香港生活书店出版了《大众文艺丛刊》第一辑，上有郭沫若之文《斥反动文艺》，文章犀利而尖刻地给朱光潜、沈从文、萧乾等人画像，其中斥责沈从文是专写颓废色情的"桃红色作家"，是个"看云摘星的风流小生"，"有意识地作为反动派而活动着"，"存心不良，意在蛊惑读者，软化人们的斗争情绪"。郭沫若的批判无疑给了沈从文致命一击。这种批判的基调和方向，决定了沈从文之后的命运。

郭沫若的这些批判语言，在之后的很长一段时间内，成为知识分子头上的魔咒，挥之不去。要论个人的交往，沈从文和郭沫若之间并不多，只是沈从文在《沫沫集》之中，有一篇《论郭沫若》的文章，对这位创造社的前辈颇有些不敬之词，特别是对他的不加节制和小说的否定，虽属文学批评范畴，但言辞间还是比较刻薄的，但这是十几年前的事了。郭沫若的此次对反动文艺的"大批判"，决不仅仅是针对某个个人，而是指向一种创作倾向。

自20世纪40年代后半叶起，随着国民党在各大战场上的节节败退，共产党夺取政权是早晚的事。而体现在文艺战线上，代表左翼和激进的文学开始渐渐地占据主流地位，特别是从延安出来的作家，之后都在文坛占有统治地位。而文学的发展方向，自延安文艺座谈会以后，渐渐把为人民创作作为一种方向和任务。至于其他的一些文学创作，则是要摒弃在主流以外的，甚至是要受到批判的。

1948年之后的沈从文，便在这种情势下，品尝到了从天堂坠落到地狱的滋味。

五

我们已很难去揣测沈从文自西南联大始这种创作上的变化，和对于现实生活的关注时的心态。在骨子里沈从文有着乡下人的倔强，从闯荡北京城，到在胡适、郁达夫、徐志摩等人的扶持下，渐渐在小说创作上崭露头角，到和丁玲、胡也频办《红黑》杂志，到被胡适聘到中国公学任教，后又辗转武汉大学、青岛大学，至《大公报》主持"文艺"副刊,沈从文实现真正的脱胎换骨,走上了主流文坛。这段颇有些传奇的经历,一方面是沈从文自己努力的结果,也有诸多新文学大家的提携作用,而更为主要的是那时相对自由的文坛空气,给了沈从文发挥的空间。

这些收入"废邮存底"和"新废邮存底"的文字,形象地再现了一个现代作家的心路历程,一半是火焰,一半是海水。沈从文在1947年前后文风的变化,以及之后的受批判、退出文坛,反映了那一代作家和知识分子在时代大潮中的某种局限性,以及对于文学发展趋势的无法把握性,折射出民主知识分子在黑暗与光明交替时期的某种迷惘。

求学内外的施蛰存

一

1922 年秋，时年十八岁的施蛰存考入了之江大学。

施蛰存为何要入之江大学，他在其晚年的诗注中写道："中学毕业，欲入北京大学，二亲未许。遂报考东南大学，乃名落孙山。同去四人，惟浦江清一人获隽。不得已，考入之江大学。"

施蛰存 1905 年 12 月出生于浙江杭州，曾居苏州、松江等地，其父施亦政曾创办松江履和袜厂。家境殷实的施蛰存自小受到良好的教育，曾就读于松江的多所学校，打下了较为扎实的知识基础。在当时的社会环境之下，社会的变革和动荡以及五四新文化运动的影响，使施蛰存有了强烈的求学愿望，而入大学学习是首要选择。开始报考北京大学、东南大学等，最后不得已才入之江大学。

私立之江大学位于杭州之江路 51 号（今浙江大学之江学院），是一所美国人所办的教会学校。其前身是由美国基督教北长老会所办的崇信义塾，原设于浙江宁波，后迁至杭州更名为育英义塾、育英书院、之江学堂等，一直到民国三年（1914）才最终更名为之江大学。所设课目有英文、化学等，其中英文教学全部用原版教科书，施蛰存曾在诗中云："西学未闻中学废，能通胡语即天骄。"施蛰存在之江大学学习的是英文，因为他在中学时期就学过"纳氏文法"，因而有较好的英语文法基础。施蛰存在回忆文章中写道："我在之江大学时尚未有中文系，我读的是外文，我与林汉达同时，他高一二级。……师资无学者，诸生所肄习者，唯英语耳。""跟外国教师学英文，他们就不大讲究文法，有些从教会中学升上来的同学，他们的口语比我好得多，可惜他们都不会分析复合句子。"聪颖的施蛰存有点沾沾自喜于他在英文文法上的熟识，但他的本意并非为了当一个语言学家或翻译家，英文仅是他的桥梁，在文学上有所成就才是他的追求。

施蛰存在之江大学读的是英语，在学习之余，施蛰存阅读了大量的英国文学，包括英国文学史、英国散文和诗歌等，并且还在之江大学图书馆抄录了一部《英国诗选》，但施蛰存并不欣赏英国文学。施蛰存在回忆文章中写道："但我学英文，却没有十分欣赏英国文学。我是把英文作为桥梁，用英译本来欣赏东欧文学的。"大量的延伸阅读，使施蛰存接触到许多优秀外国文学作品，加上那时正值西学东进之潮渐热，熟悉英文使施蛰存如鱼得水，能够阅读大量的英语原版书和东欧文学的英译本，为他今后的翻译和创作，打下了扎实的基础。

二

施蛰存在之江大学期间加入了文学社团"兰社"。

因为共同的文学爱好和趣味，施蛰存大学时代结识了当时杭州宗文中学毕业的戴望舒（朝寀）、杜衡（戴克崇）、张天翼（元定）、叶秋原（为耽）等人。由于当时杭州宗文中学兴尚传统文化拒绝新文学，戴望舒等人在学到扎实国学基础的同时，也向往着以文学实绩来证明自己。于是1922年9月，戴望舒等人在杭州正式成立了"兰社"。据相关资料，"兰社"的创始人有戴望舒、杜衡、张天翼、叶秋原、李伊凉、孙弋红、马天骦等数十人，施蛰存并未在"兰社"初创时加入，而是之后才加入其中的，并渐渐显示出他在创作和翻译两端的才华。结社之举，在当时的文坛被奉为至圣，而这样一个以文学爱好者为主成立的社团，有着较为浓郁的旧派文学的特点，他们热衷于创作侦探小说，其成员的创作大多处于萌始时期，他们在积极向上海各大报刊投稿的同时，编辑出版了社刊《兰友》。

《兰友》为横八开长条报纸型，月出三期，刊头有"兰社定期刊物之一·小说旬刊"字样，每期四至八页不等，由戴望舒担任主编，以刊登旧体诗词和小说为主，共出十七期后终刊。《兰友》除了刊登兰社社员的作品以外，也刊登赵苕狂、程小青、张无诤等当时鸳蝴蝶派文人的作品。其中施蛰存用"施青萍"的笔名，从《兰友》第十期开始发表长篇连载小说《红禅记》。《兰友》于第十二期出版"国耻专号"，刊登《国破后》、《亡国奴之死》等作品。施蛰存晚年在给上海图书馆特藏《兰友》题词上写道："1923年，我在杭州之江大学肄业，与友人戴望舒、张天翼等办此小刊物，其时尚属于鸳鸯蝴蝶派文人，故颇有旧文学气息。越两年，始转而新文学，不复作此等文字……"

晚年的施蛰存是羞于提及"兰社"和《兰友》的，那只是他青春时期的稚幼和探求的一部分。一群有着共同的文学爱好和追求的年轻人，试图以自己的文学创作和热情，来被社会和文坛承认，实现自我的文学梦想，但事实却未及如此。相比于同时代成立于苏州的"南社"在旧文学和当时文坛巨大的影响力，"兰社"的名气小得多，他们更像是一群文学爱好者的自娱自乐，在文学创作初期表现出的多是冲动和不加选择，那种有些迷惘的创作更多的是模仿。但正是经由这种看似不起眼的自娱自乐，施蛰存等人艰难起步，他们通过各自的文学创作和文学活动，试图来融入整个社会文化大环境。他们的创作和结社似有点茫然和突兀，但热爱文学的一股热情似燃烧的火，照亮了 20 世纪 20 年代有些黑暗的天空。

三

施蛰存的文学创作正是从就读于之江大学开始的，初时所用笔名"施青萍"。

施蛰存在文章中是这样回忆他刚从事创作的情形的：

1922 年，我 18 岁，一个中学三年级学生。在读了许多报刊文学之后，心血来潮，见猎心喜，也学写了一篇又一篇的小说、随笔，冒失地向上海一些"鸳鸯蝴蝶派"文学刊物投稿。最初是屡投屡退，我就以屡退屡投的战术来对付，终于攻进了编辑先生的大门，我的文章陆续在报刊上出现了。（《十年创作集》序言）

在 1922 年这样一个特殊的年代，五四新文化运动已经爆发，其影响力波及了当时不少的有志文学青年，然而当时的文坛还是以鸳鸯蝴蝶派为代表的旧文学占主导地位，特别是江浙沪一带，旧派文人几乎把持了大部分的报刊阵地。和其时的许多文学青年一样，受过旧文学熏陶的施蛰存在求学期间除大量阅读外国优秀作品以外，也读了不少鸳鸯蝴蝶派作品，以及林纾用文言文所译的小说。由于自觉的文学意识还未形成，那种渴望以文学创作表达自我的愿望，超越了对于文学立场的选择。施蛰存的早期创作受到了鸳鸯蝴蝶派作品的影响，有不少的模仿痕迹。自在《礼拜六》第一百五十五期发表第一篇小说《恢复名誉之梦》（署名青萍）始，施蛰存用"施青萍"的笔名，在《礼拜六》、《星期》、《半月》等刊物上陆续发表作品，有小说《老画师》(《礼拜六》)，《母爱》、《寂寞的街》(《星期》)，《债》《卖艺童子》(《半月》)等。

晚年，他回忆这段经历：

我的文艺习作，开始得很早。在中学读书时，看了许多林琴南译的外国小说，和上海出版的各种鸳鸯蝴蝶派文艺刊物。看到一篇自己觉得好的小说，或随笔散文，就想摹仿，也写了一些。当时新文学运动虽已掀起，但还没有影响到内地小县城，我写的小说杂文，只有向鸳鸯蝴蝶派刊物投稿。于是我把文章一篇一篇地往上海寄，好不容易陆续在《礼拜六》、《星期》、《半月》等当时很流行的刊物上发表出来，虽然没有得到过分文稿费，但心里着实高兴，似乎已蒙大编辑、老前辈肯定了我的文学事业。不过恽铁樵编的《小说月报》始终没有采用我一篇投稿，我觉得还是不足，因为我把它看作是个高标准的文学刊物。

我的小说，虽然在鸳鸯蝴蝶派刊物上发表，但他们的题材内容和创作方法，还是受到了西方短篇小说的影响，以描写世态人情，反映社会现实为目的，并不流入庸俗的恋爱故事或黑暗小说。当时这些鸳鸯蝴蝶派刊物，也正在想迎合新文学运动，提高自己的地位，因而也愿意发表我的小说，作为他们逐步改革的契机。（《世纪老人的话——施蛰存》）

从松江中学毕业到在之江大学求学，施蛰存就迈开了他文学创作生涯的第一步。然而，施蛰存对于少作颇有悔意，一方面是创作初始处于摹仿和幼稚期；另一方面由于鸳鸯蝴蝶派在文学史上处于一个受批判的地位。因此，施蛰存不愿提及那段经历，而一直把1928年作为自己文学生涯的起步。

1923年5月因参加了非宗教大同盟的活动，为"校方所不喜"，"自动辍学而肆业"的施蛰存就此离开了之江大学。

四

1923年夏天，施蛰存进入上海大学中文系求学，同去的还有戴望舒和杜衡。

上海大学创办于1922年的秋季，是当时中国最富革命精神的学府，也是国共两党第二次合作的产物，国民党元老于右任和邵力子挂名上海大学领导，其实际校务工作由总务长邓中夏和教务长瞿秋白总管，其中所聘教师中大多为共产党员，是早期革命的领袖和骨干，如陈望道、瞿秋白、张太雷、恽代英、任弼时、萧楚女、沈雁冰、蒋光慈等。施蛰存通过孔令境认识了茅盾（沈雁冰），而和施蛰存同班的还有 20 世纪 30 年代的著名女作家丁玲，他们交往时间不长，关系也一般。自施蛰存到上海大学学习以后，听田汉讲《悲惨世界》《嘉尔曼》、听沈雁冰讲希腊戏剧和神话、听方光焘讲厨村白树和小泉八云、听刘大白讲古诗和白话诗、听邵力子讲中国哲学史，这些都给当时作为学生的施蛰存留下了深刻的印象。对其接受新文化思想及革命思潮的熏陶，起到了重要的作用。他还为此写杂文《上海大学的精神》发表于《民国日报》副刊《觉悟》，文中说道：

上海大学是一所新创办的貌不惊人的"弄堂大学"，上海人称为"野鸡大学"。但它的精神却是全国最新的大学。在中国新文学史和中国革命史上，它都起过重要作用。我在这所大学的非常简陋的教室里，听过当时新涌现的文学家和社会科学家的讲课。时间仅仅一年，这一群老师的言论、思想、风采，给我以至今也忘不掉的印象。（《世纪老人的话

——施蛰存》)

施蛰存在上海大学求学期间，发表于《旧事新报·文学》第一百期上的《苹华室诗见》，第一次署名"施蛰存"。施蛰存的创作受到新文学的影响，渐渐摒弃旧文学的创作方式。"受新文学的影响，我不再向鸳鸯蝴蝶派刊物投稿，而新文学刊物如沈雁冰编的《小说月报》和创造社的《创造季刊》，在我看来，都是望尘莫及的高级文学刊物，我有自卑感，不敢去投稿。于是我一气写了十多个短篇小说，编为一集，题名《江干集》。我请胡亚光画了封面，请王西神、姚鹓雏、高君定题写了诗词，交松江印刷厂排印了一百本。这是我自费出版的第一个短篇小说集。这一集中的作品，文学风格，都在鸳鸯蝴蝶派和新文学之间，是一批不上不下的习作，所以我不认为它是我的第一本正式的文学创作集。"（《北山散文集》）

从杭州到上海，施蛰存大量精力投入文学创作和文学活动，他的内心依然有一股强烈的冲动和渴望，瞿秋白、沈雁冰、田汉、陈望道等人的授课，使施蛰存在知识的结构和创作的方向上有了极大的长进。或许是和戴望舒、杜衡等挚友的交往，局限了他对文学意识和自主性的追求；也或许是受到西方文化的影响，使他浸润于外国文化的氛围中，施蛰存始终未能成为一个左翼的激进的作家。但他对于文学创作依旧寄予很大的期望，只是耿耿于怀未能得到《小说月报》、《创造季刊》等当时文坛主流刊物的青睐，创作和学习两端都无法成为当时的一流，这种渴望被承认的创作激情始终折磨着施蛰存，为了寻求突破，他又一次转学了。

五

1924 年秋天，施蛰存又转入上海大同大学求学，这已经是他在短短两年内辗转的第三所大学了！

上海大同大学始建于 1912 年，前身是北京清华学堂（清华大学前身）教师胡敦复、平海澜等在上海建立的立达学社。1912 年 3 月 19 日，立达学社同仁捐款，在上海南市肇周路南阳里租屋创办大同学院，作为同仁讲学励志之所，以"研究学术，明体达用"为宗旨。院长胡敦复，招收学生 91 人，立达学社同仁一年之内，将薪金全部捐纳作为办学之用。1914 年 1 月，大同学院迁入南车站路 401 号自建校舍上课，有学生 126 人。1922 年 9 月，大同学院经教育部立案改称为大同大学。

就这样，施蛰存继续着他的求学生涯，孜孜不倦地渴求着知识。而在大同大学求学期间，施蛰存和戴望舒、杜衡加入了共青团和国民党，对此施蛰存是这样回忆的："一九二五年秋冬之际，我们三人都加入了共青团和国民党。这件事是望舒开始联系的，我不很知道经过情况。我们三人都加入了共青团和国民党后，不久领到一张国民党员的党证，并参加过几次党内的活动。解放以后，屡次审查我的政历，历经折磨……"（《北山散文集》）其中具体的工作是散发传单之类，这是施蛰存一生中唯一的一次和政治走得近。无论在他前半生的办刊写作，还是后半生的教书育人，都绝少与政治有染。这种不沾染政治的立场也是20世纪30年代现代书局找他主编《现代》杂志的原因（现代书局希望办一份政治立场不鲜明的纯文学刊物）。如果论及他的信仰及政治态度，施蛰存始终处于中间位置，既不激进也不颓丧，他更像一个传统的知识分子，默默地耕耘着自己的文学园地。

处于创作困惑期的施蛰存同样有着自己的烦恼：

因我自己明白了新文学与"鸳鸯蝴蝶派"这中间是有着一重鸿沟的，于是我停止了这方面的投稿生活。同时，因为新文学杂志中没有安插我的文章的地位，于是我什么都不写了。……那时候，我也几次想发展一点文学生活。看了别人的文学结社，东一个西一个地萌动起来不免有点跃跃欲试。可是终于因为朋友少，没有钱自己印自己的作品，更没有日报副刊或大杂志收容我们，不成大事。(《十年创作集》)

在大同大学时期的施蛰存是迷惘的，不仅仅是求学过程中的不知所措，也有创作不被承认的苦闷，更有对未来不确定性的迷惑。对于求学生活的游离不定更是这种困惑心态的体现，连施蛰存自己也不得不承认，"中学毕业后，从之江大学而上海大学，而大同大学，而震旦大学，这五六年间，我的思想与生活是最混乱的时候"。(《十年创作集》)同时变幻莫测的社会现实让施蛰存找不到发展的方向，这种困惑和迷惘也是当时不少文学青年所共具的，反映了那个时代文学青年们的某些共同特征。

六

1926年秋，施蛰存进入震旦大学法文特别班学习，震旦大学也是施蛰存辗转的最后一所大学。

时年施蛰存已经二十二岁，从杭州到上海来求学已经好几年了！几经周转，从习英文到习中文，又在震旦习法文，这些为施蛰存将来的创作和立足于文坛，打下了扎实的基础。戴望舒早一年进入震旦大学学习法文。他们入学的目的，是施蛰存、戴望舒、杜衡相约一年后去法国留学。此目的最后并未实现，但在创作和结社两端，有着相似的经历和共同的趣味的三人却在此大展身手。

　　上海震旦大学成立于 1903 年，是中国最早的天主教教会大学。震旦大学创办起源于 19 世纪末，当时奉谕办理译书局事务的梁启超，于 1898 年 7 月奏请在北京创建翻译学堂，拟请马相伯出任院长。马相伯提出将学堂设在上海，并让徐家汇法国耶稣会传教团参与校务，戊戌政变使这项办学计划夭折。此后在包括蔡元培在内的一些南洋公学教师建议下，马相伯开设了一所讲授拉丁语、法语和数学的学校，将学校定名为震旦，意谓"中华曙光"。震旦大学后来分设了文学院、法学院、医学院和理学院 4 个独立的学院。由于掌握法语知识的中国学生人数甚少，震旦大学在 30 年代起，要求学生参加为期一年的法语强化学习，此举为震旦的学生进一步深造打牢了基础。震旦大学亦成为教会大学中比较有名的学校。

在震旦大学求学期间，当时的任课老师樊国栋神父，有着非常严格的教学方法，不仅教给他们丰富的法语知识，而且让古典文学基础较好的施蛰存和杜衡，试着用法文来翻译《阿房宫赋》和古代诗词，以此作为每周的作业，这让施蛰存等人受益匪浅。在学习期间，施蛰存又认识了刘灿波（刘呐鸥），两人遂成为好友。在学习之余，大家一起谈文学，一起参加革命工作发传单，一起讨论文学创作的形式和方法。施蛰存在晚年曾写有《震旦二年》，对他在震旦大学的学习生涯进行了回顾，其实施蛰存在震旦从 1926 年秋入学到 1927 年 4 月离开，一年的时间都不到。细读《震旦二年》，才知文章描写以戴望舒在震旦为主，又写到了杜衡、刘呐鸥等，侧重描写了他们一群爱好文学、渴望在文坛占有一席之地的青年，在复杂社会政治环境下的学习生活。另外，施蛰存尽管之前在大同大学学习，但因和戴望舒等好友的密切交往，使得他有不少时间在震旦大学，对此文章中也有所提及。

七

在震旦大学期间，施蛰存和戴望舒等人主办了一份同人小刊物《璎珞》。

施蛰存在回忆中写道：

　　一九二五年春季，我们一时高兴，办了一个小刊物《璎珞》。这是一个三十二开十六页的旬刊，每期只用四分之一张报纸。我们三人的诗、散文、译文，都发表在这里。但是这个刊物的重点文章却是戴望舒的《读仙河集》和杜衡的《参情梦及其他》。东南大学有一位历史教授，刚从法国回来的李思纯，他在《学衡》上发表了一些法国诗的译文：《仙河集》。这些译文实在不高明，望舒写了这篇书评，指摘了许多错误。傅东华是商务印书馆的编辑，译了一篇欧奈思特·陶孙的诗剧《参情梦》，由开明书店印行。这个译文也很有错误，杜衡为他逐句纠谬。我们这个刊物虽小，也没有多少人见到，但对李思纯和傅东华却很有冲击。听说傅东华看了杜衡的批评文章，非常恼火。李思纯从此不发表译诗。

　　《璎珞》一共印出了四期，这是我们办的第一个新文学同人小刊物。（《震旦二年》）

从仅出四期的同人小刊物《璎珞》来看，自娱自乐性依旧很强。和《兰友》相比，风格已经从旧文学转向了新文学，可由于发行范围较小，影响力有限。但从震旦大学法文班出来的施蛰存等人却有着深厚的法语功底，戴望舒对于翻译的批评文章就是一例。不减的办刊热情反映了以施蛰存和戴望舒为代表的现代青年作家，渴望用自己的创作实践和文学主张来获得主流文坛的关注和承认。这种不断的尝试和探索一直到几年以后《现代》杂志的创刊才得以实现。

《璎珞》除发表戴望舒和杜衡的诗作译文以外，也发表了施蛰存的小说《上元灯》和《周夫人》，这两部短篇均取材于古代题材，特别是短篇小说《周夫人》，描写了孀居多年的周夫人对童稚的爱恋，小说中有大量对女性心灵世界的挖掘，比较细腻地刻画了女性受压抑后的变态心理，已初步可见施蛰存在心理分析小说上的雏形，为之后所形成的"现代派"作品风格打下了基础。同时，从施蛰存发表在《璎珞》上的作品来看，受西方现代派作品的影响较深，其内容也大都取材于古代题材。而施蛰存本人认可的文学创作生涯，正是从《上元灯》开始的。"我所曾写的作品大部分都是习作，都是摹仿品。……因了许多《上元灯》的读者，相识的或

不相识的，给予我许多过分的奖饰，使我对于短篇小说的创作上，一点不敢存苟且和取巧的心。"（《我的创作生活之历程》）

1927年4月，施蛰存离开了震旦大学，起因是复杂的社会形势和蒋介石的"四·一二"大屠杀。"我们楼下的松江同乡会，已经没有人了。陶尔斐斯路的国民党左派党部已被捣毁。震旦大学的国民党右派气焰嚣张，在校内外张贴反共标语。在一片恐怖的环境中，我们觉得不能再在上海耽下去。于是作出散伙回家的计划，卖掉家具什物，付清房租。我回松江，望舒和杜衡回杭州。"（《震旦二年》）

八

从1922年秋天入之江大学，到1927年4月离开震旦大学，在短短的不到五年的时间里，施蛰存在四所大学辗转求学，从学习英文、法文到学习新文学及外国文学，他遨游在知识的海洋之中，尽情地汲取着新文化和新知识，为他今后的创作和立足于文坛打下了扎实的基础。但由于性情的关系，以及朋友之间的相互影响，施蛰存并未在一所大学一始而终，而是从这几所大学肄业的。对此，他自己也不太满意，认为求学这几年的思想状况处于混乱之中，那种既想通过求学而学到立世之本，又想通过创作和结社以达到自己的文学主张和文学目的的想法，都未能尽如人意。从自我印行《江干集》到创办《兰友》和《璎珞》，他的文学活动始终都未能引起太大的关注。但这段颠沛不定的大学生涯，持续不断的创作热情，使施蛰存接触社会、增加知识、强化创作，为后来进入当时的主流文坛积蓄了力量。

　　施蛰存辗转求学的这几年，也正是五四新文化运动逐步深入的几年。作为当时的一个文学青年，施蛰存深受其影响，从初始以施青萍笔名初涉文坛（在旧文学领域施蛰存也创作颇丰），到幡然觉醒不再从事旧文学的创作，但这种转变使施蛰存十分迷惘，他心目中所向往的《小说月报》、《创造季刊》等始终都未能采用他的稿件（一直到施蛰存离开震旦避居松江后，1928 年 1 月《小说月报》上才刊出了他的小说《绢子》）。但施蛰存始终以极大的热情投入到创作之中，在《璎珞》上发表小说《上元灯》和《周夫人》，标志着施蛰存的小说创作摆脱了摹仿和习作的阶段，真正进入了一个全新的创作状态。为此，施蛰存自言："五四新文学运动给我的教育，是重视文艺创作的'创'字。一个作家，必不能依傍或模仿别人的作品，以写作自己的作品。一篇小说，从故事、结构到景物描写，都必须出于自己的观察和思索，这才算得是'创作'。"（《我的第一本书》）施蛰存的这种变化和成熟，正是他在求学期间完成的。我们可以清晰地循着施蛰存创作成长的脉络，窥见其屹立于文学之林的轨迹。在文学创作和翻译上的不懈努力，使施蛰存渐渐为文坛所熟知，那些有着强烈细腻心理分析的作品，汲取了外国文学中的有益养料，给当时的文坛吹来一股清新之风。

虽然施蛰存在求学期间耳闻目染了新文学发展壮大的某种趋势，甚至在上海大学求学期间也聆听过邓中夏、瞿秋白、张太雷、恽代英、任弼时、萧楚女、沈雁冰、蒋光慈等人的授课，在震旦大学期间也感受过革命活动的召唤，但复杂的社会政治形势，以及所交朋友圈的影响，加上施蛰存本人所受传统教育的局限，使之在这样一个时代中未能脱颖而出。

分析施蛰存早年求学经历和创作生涯，总离不开两个人，那就是戴望舒和杜衡。从之江大学到震旦大学，他们三人始终形影不离，同学同住中产生了深厚的情谊。为此，施蛰存在回忆中写道：

　　　戴望舒是我在文学活动期间最重要的一个亲密

朋友，从二十年代初，我们在杭州因共同爱好文学而结识，成为好朋友，长期在一起共事，惜同手足。从事文学创作翻译以及编辑出版活动。

杜衡是我的老朋友，他原名戴克崇，笔名苏汶。他是我在杭州认识的文学好朋友。后又一起到上海求学……（《世纪老人的话——施蛰存》）

这种好友间的相互影响，决定了他们之后文学的发展方向。而共同的求学经历和相同的文学趣味，使得他们一起探寻在文学上的成长之路。在这之后的一段时间里，这种朋友间的亲密关系使他们继续在文学上求索，从《文学工场》到《无轨列车》，从"水沫书店"到"第一线书店"，且各自的创作都趋向了成熟，施蛰存的《将军的头》《石秀之恋》等小说，戴望舒《雨巷》等诗歌开始引起文坛的注意。一直到 20 世纪 30 年代初期《现代》的创刊，以施蛰存、戴望舒、刘呐鸥为代表的现代派都市文学，渐趋成熟，并在文坛占有一席之地。

处于 20 世纪 20 年代初期的施蛰存是迷惘的，从之江大学到震旦大学，短短的几年求学经历在他的一生中也只是短短的一刻间，但却见证了施蛰存从一个青涩的文学青年到游走于文坛作家的过程，这个过程所表现出的也是当时社会文学青年的一些憧憬和迷惘，他们在杭州、上海等地融入大都市的同时，也以手中的笔，倾诉着那个时代文学青年的心声。求学内外的施蛰存，折射的是一个作家在当时社会文化环境下的成长经历和人生走向抉择，和同时代许多文学青年一样，办刊、投稿、学习、尝试，施蛰存和他的同伴们也希冀通过孜孜不倦的努力，找到适合自己的文学风格，并以此获得文坛的认同。

施蛰存和无相庵

一

在施蛰存一生中，共用过"苹华室"、"红禅室"、"无相庵"、"北山楼"四个室名，前两个是施蛰存早年所用的室名，而"北山楼"则是其晚年所用室名。在施蛰存一生所从事的文学创作、翻译、古典文学研究、碑帖研究中，文学创作主要集中在 1928 年至 1937 年间，而这个时期也是施蛰存的创作旺盛期，这其中以"无相庵"为题的散文随笔作品，试图透过读人谈书，来表现他对现实生活的一种态度。

在民国时期出版的《文饭小品》杂志中，有施蛰存所写《无相庵断残录》，分别刊于第五期和第六期，内收"关于王谑庵"、"秋水轩诗词"、"《邻二》的佚文"、"橙雾"、"八股文"等五篇文章。从内容来看，其中既有关于古典诗话的漫谈，也有人物忆旧和文坛散记；其写作风格侧重书话一类，具一定的知识性和史料性，代表了施蛰存散文创作的风格。

1935年，刚离开《现代》杂志，施蛰存办刊的兴致正浓，他和康嗣群又合编了一本小品文的期刊《文饭小品》，由脉望社出版部发行。刊物的主旨为"欲以西洋絮话散文之清新风格，在中国新文学中之散文一门中尽相当的努力。文字以清丽蕴藉为依归，思想不旧不偏为主"。《文饭小品》主要刊发抒情散文、杂文、诗歌等，主要撰稿人有林语堂、梁宗岱、丰子恺、戴望舒、南星、李金发、金克木等，出版六期后终刊。

在《无相庵断残录》中可见施蛰存的阅读和写作兴趣：对文化上的思考和断想以及一些文坛轶事。如在"《邻二》的佚文"一文中，写到了在《新文艺》刊发茅盾散文《邻二》时，由于缺失最后一页原稿，刊发后总觉内心不安，后来从茅盾来信中得到了缺失一页的内容，于是补了"《邻二》的佚文"一文，这件事体现了施蛰存作为一个编辑人的责任心，亦算是一段文坛史料。

二

施蛰存最早用"无相庵"为题发表散文，是在其主编的《现代》杂志时，在《无相庵随笔》上，文章收"《先知》及其作者"、"画师洪野"、"无意思的书"、"五月"等四篇。这些作品都是由书谈及人，是施蛰存早期的书话作品之一。其中"画师洪野"曾多次单独选入各种施蛰存散文选本之中。后来施蛰存以"无相庵随笔"为名又写了不少相关的散文，其中既有叙好友郁达夫、徐霞村、刘呐鸥等，亦有描述买书、读书的札记，深受读者的欢迎。

阿英1933年在编选《现代名家随笔丛选》时，就在序言中对施蛰存的《无相庵随笔》赞赏有加："施蛰存的《无相庵随笔》，里面有很多好的作品……在这里选用的，我最喜欢《买书》一篇，这大概是由于和我自由的生活接近的缘故。"由此可见《无相庵随笔》的影响力。

施蛰存还发表过《无相庵急就章》，收有"人生如戏"、"蝉与蚁"、"须"等三篇，均是人生感悟之文。在文章"小引"中，施蛰存叙述了以"无相庵"为题发表作品的缘故：

　　这些文字本该叫做《无相庵随笔》，所以见作者笔调之闲适也。从前也曾写过几篇东拉西扯的话，预备让它渐渐地多起来，好出版一个单行本。……现在写出来的实在已不是那些没有写出来时的东西了。然而毕竟要写，毕竟要陆续发表，那单是为了想让它早日成一本海阔天空的闲书。好玩儿，不为别的。不写不成书，书写不发表也不会接连地写下去，也不易成书。至于这些小文章之不称之曰"随笔"者，盖我自己看看笔调实在不闲适也。

三

　　无相庵是施蛰存中年时常用室名，取自于佛经中的"无人相亦无我相"之意，有邓散木、陈巨来为之治印，均在所藏之书中钤印，且有专用笺纸和藏书票。
　　施蛰存生活中真实的书斋"无相庵"位于松江同街四百零三号（今县府路二十号），从 20 世纪 20 年代起，到抗战爆发前，施蛰存均居住于此。外出求学或旅居沪上，施蛰存始终把松江的住所称为"我的家"。松江同街四百零三号有房共三开间的三进，施蛰存的书房位于客厅靠北那间，摆设有桌子、椅子和数只旧式书箱，虽简陋，但这里却是施蛰存读书写作的好场所。

在施蛰存 1934 年创作的散文《绕室旅行记》（《宇宙风》第十期）中，有对"无相庵"的描述，在文章中，作者所提及既有《真相画报》、《宇宙风》、《世界》画报、《良友》画报等杂志，亦有旧笺纸、白石雕像、旧相机等旧物，特别写到一包纸型，这是六年以前施蛰存和戴望舒、杜衡所办的《文学工场》的纸型，这个刊物由于种种原因并未出版，但成了施蛰存初涉文坛办刊的见证。而许多的旧物和旧书刊，引起了作者的不少联想，如粘贴在《进德》杂志上的剪报，是《申报》、《新闻报》、《时报》上的长篇新闻纪事和文艺作品，可见施蛰存的阅读趣味和兴致，以及他所走过的文学道路。

施蛰存在散文《我的家庭》（作于 1938 年 4 月）中，对其松江的老家及无相庵有更为详尽的描述：

> 我们在这屋子里舒服地住了二十余年。在这间屋子里，与我关系最密切的，自然是客室左边的那间书斋了。……这一间书斋的陈设是很简单的，统共只有一桌书椅，和十二只旧式书箱。……十余年来，我已养成了一个爱书之癖，每有余资，辄以买

书，在新陈代谢之余，那十二只书箱的内容，已经成为比较的齐整了，虽然说不上是藏书家，但在我已是全副家产了。……我的家屋，虽说共有三进，但可用的正屋就只这么三间，尽管它在我看来有多大的意义，多少的感情，可是在整个松江县城中的万家屋瓦之下，它又是多么渺小的地方啊！

文中反映了施蛰存对松江旧屋的情感，以及对亲人的思念之情。

无相庵所藏的书刊等旧物，均毁于 1937 年日寇的炮弹之下，其中包括历年所购中西文书刊，及手稿、文物、字画、尺牍等，最为珍贵的是鲁迅来函、郁达夫书联。1937 年 11 月 2 日得知松江无相庵被炸的消息时，施蛰存正在云南昆明，是他大妹打电报告诉他的，施蛰存闻此消息，不由地感慨万千，特作诗表述当时的复杂心情：

十一月二日接家报悉松江舍下已为日机投炸弹翌日感赋

去乡万里艰消息，忽接音书意转烦。闻道王师回溴上，却叫倭寇逼云间。

室庐真已雀生角，妻子都成鹤在樊。忍下新亭闲涕泪，夕阳明处乱鸦翻。

一九三八年四月五日

从诗中不难看出作者的悲愤和无奈之情。施蛰存在离开松江赴云南之前，曾有一段颠沛流离的动荡生活。施蛰存为此写下了"同仇日记"（刊于《宇宙风》杂志），详细记载了淞沪抗战爆发后他在松江的艰苦生活。而离沪赴滇后两月，才知老家被毁的讯息，并失去了无相庵中的不少珍贵书刊和旧物，他自然扼腕不已。

四

无相庵，旧时施蛰存一片心灵和思想的栖息地，在那里他完成了从一个文学青年到现代作家的蜕变，完成了他汲取知识走上写作之路的过程。那里也是他从幼小时，不断地从古典诗文、从新文学中吸取养料的场所。"我从书箱中检出一些不甚熟悉的古书来，不管懂得不懂得，琅琅然诵读起来，这是我一生中爱好国文学的开始。"（《我的家庭》）从施蛰存的文章中可见得无相庵对于他后来走上文学道路的影响。

旧时的无相庵，仅是松江一间普通的民宅，一间在那个时代毫不起眼的旧居。但在那里，却凝结了一个文学青年的梦想，从书刊和旧物中，从无相庵简陋的摆设，和充满书香的氛围之中，我们分明看见一个热心于文学的青年，在挑灯夜读，在吟诵着古典的诗文，在和一些文友相互切磋和交流。心中那份澎湃的热情，化成了一段段精彩的文字，化成了之后属于他们的一个文学世界。

第三辑：刘半农／陆费逵／李涵秋／叶灵凤

睁开蒙眬眼

——五四以前的刘半农

一

1917年刘半农二十九岁,春节前他回老家养病并过年。之前刘半农已辞去中华书局的编辑工作,在南洋公学(上海交通大学前身)和中华铁路学校任教员。在江阴乡下养病度年期间,刘半农依然坚持写作,曾和向恺然合译小说《丹墀血》,和成舍我合译《日光杀人案》等,投寄上海《小说海》杂志。其最主要的写作任务是为《新青年》写稿,并在1917年2月1日出版的《新青年》2卷6期上,发表了译作《灵霞馆笔记·阿尔萨斯之重光》,介绍了法国著名的《马赛曲》。

1917 年 1 月 1 日出版的《新青年》2 卷 5 期上，发表了胡适的《文学改良刍议》，提出了文学改良的八点主张。陈独秀则在《新青年》2 卷 6 期上，发表了《文学革命论》，提出了"三大主义"，呼应了胡适的文学改良主张。轰轰烈烈的新文化运动由此便拉开了帷幕。《新青年》原名《青年杂志》，由陈独秀于 1915 年 9 月 15 日独立创办，群益书社出版。并自 2 卷 1 期起改名为《新青年》，吸引了一大批一流的知识分子为之撰文，其中包括《甲寅》旧友和北大教授，这使得《新青年》成为代表一个时代的著名刊物。

　　刘半农最初在《新青年》2 卷 2 期上发表了《灵霞馆笔记·爱尔兰爱国诗人》，后又分别发表了《灵霞馆笔记·欧洲花园》、《灵霞馆笔记·拜伦遗事》等。对于刘半农的《灵霞馆笔记》，周作人有如此评价："原是些极为普通的东西，但经过他的安排组织，都成为很可诵读的散文，当时就很佩服他的聪明才力。"

　　在 1917 年 5 月 1 日出版的《新青年》3 卷 3 期上，发表了刘半农的《我之文学改良观》，为刚刚兴起的新文化运动推波助澜。文章的观点有，自造新名词及输入外国名词，提倡白话文也不能弃用文言文，主张使用标点符号，增加多种诗体改用今韵，以及辨析"文学之文"和"应用之文"的差别。刘半农的文章得到了陈独秀、胡适、钱玄同的认同。同年7月1日，刘半农又在《新青年》3卷5期上发表了《诗与小说精神上之革新》，探讨诗歌和小说的改革。他认为做诗本意，需将思想中最真的一点，用自然音响节奏写将出来；认为"小说为社会教育之利器，有转移世道人心之能力"。

1917年的刘半农，睁开了一双曾经蒙眬的眼睛，看到了新文化的曙光。曾经卖文为生，曾经写过大量文言小说的刘半农，似乎从《新青年》上看到了自己在过去创作中的局限和未来写作的希望，也发见了一个可以自由驰骋的舞台。

二

刘半农，1891年5月27日出生于江苏省江阴县（今无锡市），名寿彭，后改名刘复。曾就读于常州府中学堂。辛亥革命期间只身赴清江参加革命军，任文牍与翻译工作。1912年，刘半农和弟弟刘天华一起来到上海，在上海开明剧社当编辑。曾编译上演了剧本《好事多磨》，由此结识了《时事新报》馆的徐半梅（徐卓呆），并由其推荐到《中华小说界》，这份刊物刊发了刘半农最初的两篇译稿。刘半农还以自己的经历为素材，创作了小说《假发》，发表于《小说月报》第四卷第四期上，由此开始了他的创作生涯。开明剧社解散后，经徐卓呆介绍，刘半农到中华书局编辑部任编译员。同时，刘半农在徐卓呆编辑的《时事新报》上发表小说《秋声》，荣获该报专栏悬赏的第三十三次一等奖，更加坚定了刘半农以创作为生的信心。

刘半农最初写文和译稿，主要是为了兄弟两个在上海能生存下去，但到创作翻译渐入正轨以后便一发不可收了。在短短的三四年时间里刘半农创作和翻译了大量的小说，分别发表于《中华小说界》、《礼拜六》、《时事新报》、《小说月报》、《小说海》等，所用的笔名有"瓣农""半侬"等。其中有创作小说《未完工》、《影》、《我矛我盾》（《中华小说界》）等，翻译小说《奉赠一元》（《礼拜六》）、《悯彼孤子》、《顽童日记》、《财奴小影》、《情悟》、《英皇查理一世喋血记》、《伦敦之质肆》、《帐中说法》、《此何故耶》、《黑行囊》（《中华小说界》）、《二十六人》（《小说海》）等。刘半农的作品大多用文言文写作，极受读者和鸳鸯蝴蝶派的欢迎。

刘半农创作的小说《稗史罪言》，深刻地揭示了"官遇百姓胜，老百姓畏官也；洋鬼子遇官胜，官畏洋鬼子也；老百姓遇洋鬼子胜，洋鬼子畏老百姓毁教也"

的社会现实，批判了社会的丑恶。刘半农的翻译作品，作者都为世界文坛的名家，如英国狄更斯、俄国列夫·托尔斯泰、屠格涅夫、丹麦安徒生、日本德富卢花、美国华盛顿·欧文等，且取材都是具有进步意义的作品，对开拓国人视野、吸收外国优秀文化，对针砭时政、批判社会、启迪民众都起到了一定的作用。

1915年10月，刘半农和中华书局的严独鹤、程小青、陈小蝶、天虚我生（陈蝶仙）、周瘦鹃、陈霆锐、许天侔、常觉、渔火等十人，在《中华小说界》上合译了《福尔摩斯大失败》，这是柯南道尔《福尔摩斯探案全集》中的一部分。刘半农除翻译外还负责全书的校阅，并写了"跋"和《英国勋士柯南道尔先生小传》，是我国较早介绍柯南道尔的《福尔摩斯》作品，发表以后曾引起不小的轰动。

刘半农在上海的最初几年时间，正是鸳鸯蝴蝶派的全盛时期，各种鸳鸯蝴蝶派的报刊充斥了上海的文坛，既有《销魂语》、《香艳杂志》、《黄花旬刊》等这些思想消极、品位低俗的期刊，也有《时事新报》、《中华小说界》、《小说海》等注重批判和吸收外来优秀文化的期刊，还有如《礼拜六》、《小说丛报》、《繁华杂志》等以刊发言情小说为主的刊物。刘半农的早期作品大多数发表于鸳鸯蝴蝶派的刊物上，然其创作的文言小说和翻译的作品，却和鸳鸯蝴蝶派的才子佳人作品有所不同。为此，刘半农好友北大教授钱玄同有如此评说："半农在上海任日报编辑，整日写那些所谓红男绿女派的小说，普通人即谓之为礼拜六派人物，但实际说来，半农写小说，绝不与那礼拜六派相同，他有他的主张，绝不与他们同流合污。"

此时刘半农那双观世的眼睛是蒙眬的，他寻得一个可以实现自我文学主张的方法，却未必能找到一种好的形式。在浊流之中努力把自己的眼睛擦亮，不再被蒙蔽是刘半农需要克服的。

三

刘半农的改变，缘于结识陈独秀。《青年杂志》改名为《新青年》以后，陈独秀开始在上海招兵买马，作为光复会成员的陈独秀对活跃上海文坛多年的刘半农早已关注，并通过约稿等方法与刘半农成为了至交。每期《新青年》陈独秀必约刘半农的翻译稿件，从第一篇《灵霞馆笔记·爱尔兰爱国诗人》开始，刘半农从译稿到文论，渐渐成为《新青年》的同人之一，并时常应陈独秀之邀审阅稿件。

1917 年秋天，《新青年》第三卷起改在北京出版，由于刘半农经常向《新青年》投稿，加上时已任北京大学文科学长的陈独秀的推荐，北大校长蔡元培遂向刘半农发出邀请，聘刘半农到北大文科任教。刘半农只身北上前，曾于家乡江阴作诗《游香山纪事诗》表达其欣喜的心情："扬鞭出北门，心在香山麓。朝阳烛马头，残露湿马足。"

　　刘半农到北大以后主要担任国文教员，同时还教授小说科。学生们也喜欢听刘半农的写作课，水平提高很快，也都尝试写作新文学。当时的北京大学自陈独秀任学长以后，云集了一大批著名的学者，如胡适、周作人、沈尹默、钱玄同、沈兼士、周豫才等。无论新老教员都能以新文化的传播为己任，并且尝试用白话文作诗和写散文，由此形成文学革命和思想自由的风气。刘半农除正常的教课以外，还兼任《新青年》的编辑工作，并在北大文科院从事诗、小说、文典编撰法、语典编撰法的研究。虽然很忙，但很充实。

　　此时，创作已不再是刘半农的唯一，他还从事文体改革、应用文的写作、歌谣的搜集等。为了推动新文化运动的深入，刘半农和化名"王敬轩"的钱玄同，在《新青年》上一唱一和，在《复王敬轩书》中刘半农先批驳了"王敬轩"的错误主张和观点,接着对新文化运动中的文学革命主张进行了重要阐述。刘半农著名的《复王敬轩书》在青年中影响很大,为此不少青年走上了新文学的道路。在刘半农致钱玄同的信中,有一段关于刘半农和《新青年》的回顾:

先生说"本是个顽固党",我说我们这班人,大家都是"半路出家",脑筋中已受了许多旧文学的毒。即如我,国学虽少研究,在一九一七年以前,心中何尝不想做古文家,遇到几位前辈先生,何尝不以古文家相助;先生试取《新青年》前后所登各稿比较参观之,即可得其改变之轨辙。故现在自己洗刷自己之外,还要替一般同受此毒者洗刷,更要大大的用些加波力克酸,把未受毒的清白脑筋好好预防,不受毒菌侵害进去;这种事,说是容易,做就很难。比如做戏,你,我,独秀,适之,四人,当自认为"台柱",另外再请些名角帮忙,方能压得住座。

在这段信函中,刘半农十分明确地表达了对以前一段时间写作的不满意,这自然是指在向《新青年》投稿之前，在鸳鸯蝴蝶派期刊发表的文稿。这种悔少作发生在刘半农身上并不奇怪。到 1934 年刘半农出版《半农杂文》（北京星云堂书店）时，1917 年以前的旧作就基本没有收录。

在《新青年》的舞台上，刘半农的眼睛是犀利的，一扫以前的混沌和阴蒙。在那双可以感知新文化空气的眼睛里，透现出的是一个旧知识分子向新知识分子过渡时的冲动和激情。

四

刘半农的人生因加入《新青年》而发生根本性改变，这种变化如此的坚决，使人对刘半农以前的创作生涯产生了一定的疑惑。刘半农在《我之文学改良观》中说道："余赞成小说为文学之大主脑，而不认今日流行之红男绿女之小说为文学。（不佞亦此中之一人，小说家幸勿动气）。"这种和原来鸳鸯蝴蝶派的彻底决裂，并且反戈一击的态度，显示了刘半农创作和思想上的大转变。这显然和当时的时代变迁大有关系，从晚清至民国，旧知识分子试图通过政治改良来建立理想社会之信念，一直感召和影响着社会。辛亥革命以后，随着外来先进文化的涌入和现代知识分子的形成，对旧文化的革命已势在必然，《新青年》的出现则承担了文学革命的重任。

自五四运动爆发，中国的新文学从此迈入了一个新的轨迹。刘半农除在北大任教以外，后又出国留学，担任过辅仁大学教务长等职。在文学革命中，刘半农依旧探索新诗的创作，研究音韵和现代语言学，进行民谣的搜集和整理，在这些方面的成就加快了新文化运动的进程。20世纪30年代出版的《初期白话诗稿》、《扬鞭集》、《瓦釜集》、《半农杂文》、《半农杂文二集》、《半农谈影》、《海外民歌选》等著作，充分体现了刘半农在1917年以后创作上的成就。

1917年《新青年》的出版，改变了新旧文化和新旧文学的格局；同样，1917年也成了刘半农思想和文学创作的分水岭。这种变化在表面看来，是刘半农的社交朋友发生了变化，从徐卓呆、包天笑、周瘦鹃等旧式文人，到陈独秀、胡适、钱玄同等先进知识分子。而本质上则是随着文化革命的发生，刘半农在一个新的形势下，找到了一个可以宣泄自己文学主张的方法。同时也是旧时代文人在新的思潮感染下，向现代知识分子的自觉转变。更何况刘半农之前的文言创作和翻译，充满了强烈的批判性，这也是他发生转变的必然原因。刘半农在 1934 年因病去世以后，同样被认为是鸳鸯蝴蝶派的张恨水的一番话，可见一斑："在二十年前，君本一海上零落卖文之人，近今普罗作家指斥为礼拜六派者，事乃近之。旋君幡然觉悟，袱被北上，为北京大学教授。五四以来，乃与胡适、钱玄同、陈独秀等努力于文化之改革，所谓新青年派者，君固其中巨臂，虽其主张与当时诸彦不尽符合，然自有其不可磨灭之光荣在。"（《哀刘半农先生》）张恨水之言，或许可从另一个角度来看待刘半农的转变。

刘半农在《半农杂文》自序中，亦有关于他创作转变的剖白："一个转变的思想感情，是随着时代变迁的，所以梁任公以为今日之我，可与昔日之我挑战。但所谓变迁，是说一个人受到了时代的影响所发生的自然的变化，并不是说抹杀了自己专门去追逐时代。"刘半农从一个以写文言小说和翻译的旧式文人，新文化运动的大将，在白话文和白话诗的普及和创造、在文法和标点符号的使用上、在民间歌谣的搜集和整理上都做出了重要的贡献。对于此种转变的质疑，几十年来从未中断过，也不能简单地认为刘半农早期的创作和翻译都刊登在鸳鸯蝴蝶派的期刊上，或和鸳鸯蝴蝶派文人交往密切，就认为他是鸳鸯蝴蝶派文人。其实，刘半农的文学审美和主张一直都是具有进步性的，分析刘半农的早期作品，无论是《假发》、《奴才》、《催租叟》、《歇浦陆沉记》等小说，还是《黑肩井》、《乾隆英使觐见记》、《欧陆纵横秘史》等翻译作品，都具有强烈的社会批判性和历史史料性，和鸳鸯蝴蝶派作品还是有根本区别的。

五

1917年以前，曾经有双眼睛是迷惘的。他看清了这个社会的某些丑恶现象和阴暗面，试图通过自己的笔来鞭挞，他自以为可以以卖文为生的同时也可以宣泄自己的不满。可惜，那时混沌的社会充满了乌烟，那双眼睛于是也被蒙蔽，就算愤怒和讥讽也未能引起共鸣，在消闲和游戏文学的氛围中，那双眼睛从迷惘到蒙眬，依旧看不清未来的希望。

1917年，那双眼睛终于看到了未来的希望，从《新青年》到文学革命，他看清了可以实现自己文学主张和文法变革的可能。于是，那双眼睛开始闪出火一样的光芒和激情，焕发出了他浑身潜在的对于文学革命的热情和能量。那双眼睛也开始融入千百双渴望未来的眼睛之中，并与他们一道将所见所思传递给处于迷茫中的青年人，引导他们走出困境。那双眼睛后又观察过世界，又流连于乡野民间，为人们传递着新的信息。

透过 1917 年的那双眼睛，仿佛可以回到将近一个世纪以前，去感受刘半农和他"新青年"的同道们，毅然用一种和过去决裂的姿态，谱写了中国文学史和思想史上新的一章。

陆费逵和商务中华教科书之争

一

　　新式教科书的出现，是和中国近代出版业的兴起密切相关的，也是中国近代文化教育发展史上的重要现象。新式教科书以前，中国主要有两种教科书：一是《三字经》、《千家诗》之类的蒙学读物，二是应付科举考试的指导教程。随着时代的发展和民众对于教育的需求，这些旧式的教科书已难以满足学习的需要，至1862年洋务运动时期，创办了中国第一所新式洋学堂京师同文馆，所编教科书有算学、泰西历史、地理、宗教、伦理等。教会学校的迅速发展，使中国有识之士对原有的传统教育方式提出变革要求。

1897年南洋公学外院成立，南洋公学是当时的一所新式学堂，分国学、算学、舆地、史学、体育五科。由陈懋治、杜嗣程、沈庆鸿等编纂的《蒙学读本》，是我国人自编教科书之始。后俞复、丁宝书、吴稚晖等在无锡又开办三等学堂，并自编教科书。许多出版商看到新式教科书有利可图，便相继出版这类教科书。而其中以商务印书馆所出的教科书水准较高。张元济聘请蒋维乔、庄俞、高梦旦、杜亚泉等人所编新式中小学教科书，占有市场的绝大部分比例。1901年前后晚清政局发生动荡，在新旧教育模式的争斗中，清政府意图也加入编教科书行列，无奈由于衙门作风和编纂水准，输于商务印书馆、文明书局等民间出版机构。在1902年前后，学校教科书的市场基本上由文明书局所垄断。

商务印书馆从一家印刷工厂走向出版业，是以出版教科书作为起点，同时也使企业自身的经营状况得到了改善，并成为国内最大的教科书出版中心。商务印书馆有着良好的编纂体系，有着较高的文化眼光和经营策略，在新式教科书领域独占鳌头也就不足为奇了。

1911年，商务的教科书出版领域受到了挑战，而挑战者为新成立的中华书局，在这场商务和中华的教科书之争中，不得不提到一个人，那就是陆费逵。陆费逵原在商务印书馆就职，后独立成立了中华书局。

二

陆费逵（1886～1941），字伯鸿，浙江桐乡人。早年在武汉参加革命组织日知会，经营新学界书店，曾任《楚报》主笔。1905年因言论得罪当局，遭通缉逃往上海，在上海昌明公司、文明书局任职。他曾与著名教育家俞复等编写《文明教科书》，并获好评；发起并成立了上海书业商会，长期担任主席委员等职。由于陆费逵在编写出版和发行教科书上的出众才华，被商务印书馆张元济等高层看中，聘为出版部主任。1909年创刊并主编了著名的《教育杂志》。1912年，陆费逵创办了中华书局，并任局长、总经理达三十年之久，中华书局编辑出版的《中华教科书》、《中华大字典》、《辞海》，影印和整理的《四部备要》、《古今图书集成》等，以及所编期刊《中华教育界》、《新中华》、《中华妇女界》、《中华学生界》、《小朋友》等，都久负盛名，得到了学界的认可。中华书局迅速成长为国内重要的民间出版机构，至1916年在北京、天津、广州、汉口、南京等四十余处均设立分局。

陆费逵在经营好中华书局的同时，坚持他一贯教育救国的主张，并大力推行国语运动。所发文章有《敬告民国教育总长》、《民国普通学制议》、《新学制之要求》、《论设字母学堂》，生前著作有《教育文存》五卷、《青年修养杂谈》、《妇女问题杂谈》等。

　　陆费逵在商务印书馆期间，在教科书的出版和发行中就显示了其敏锐的商业眼光。在其主编的《教育杂志》上，附印一张学校调查表，通过杂志和学校取得联系，表上附有学校名称、校长教职员姓名、学校班次、学生人数、所用教科书等，申明如填写寄回可获赠杂志一年，从而了解和掌握教科书使用信息，以扩大教科书出版的市场占有率。

　　1911年10月10日，武昌起义爆发，定国号为"中华民国"，全国展开了轰轰烈烈的辛亥革命。面对时局的变化，商务印书馆内部有人提出修订教科书计划。陆费逵也向张元济等高层建议重新修订《最新教科书》，而张元济倾向立宪治国，不主张革命夺权，所以并不认为辛亥革命会成功；再加上商务印书馆的立场趋于保守，所以并未采纳修订教科书之计划。陆费逵一看机会来了，他本就有另立门户之念，而如何才能取得成功？教科书编发的成功将是重要的砝码。于是陆费逵自筹资金，暗中组织戴克敦、陈协恭等加紧编写新教科书，并进行新书局筹备。

1912年元月，中华民国正式成立。教育部于5月通电全国，凡教科书不合共和宗旨者逐一改正之。陆费逵从商务印书馆拉走一批编发人员，于同年元月正式成立了中华书局，自行编定的一套《中华教科书》开始发行，共分为初小八册，高小四册，并且利用压低书价和先取教科书后付款等手段，一下子从商务印书馆控制的教科书市场夺走了大批客户。商务印书馆之教科书颇多清帝制时代的内容，而中华书局利用当时国内的反日情绪，标榜自己是民族企业，暗示商务印书馆有日资入股。所以商务印书馆在与中华书局的教科书之争中，完全处于劣势。1912年印刷的教科书大量积压，商务印书馆损失惨重。虽后用赠书打折等手段，仍未挽回劣势。加上各地的教会学校都不用商务教科书而自编教材，至此，商务印书馆在教科书市场上被中华书局抢去将近一半的份额。

从表面上看商务和中华在教科书之争中的失败，是由于中华书局的建立和陆费逵的反戈一击，而实际上是商务印书馆高层的决策错误和保守立场。多年内在教科书领域的独占份额，使商务印书馆在市场的竞争中处于懈怠的状态，且对于时局的判断也存在误差。商务印书馆是从教科书起步的，而此次失败也造就了中华书局的崛起，并且同样也是以教科书的出版而立足的。

在其后的几十年中，中华和商务继续在教科书上展开明争暗斗。

三

1920 年 1 日，旧教育部训令全国各国民学校将初级小学国文改为语体文，并规定"首宜教授拼音字母，正其发音"。各地纷纷举办讲习所，以适应新教育的需要。陆费逵很快又看到了商机，自民国元年和商务印书馆在教科书领域大战一场后，中华书局迅速占领市场份额。但商务印书馆经过几年时间的调整，渐渐地在教科书的编辑和出版发行领域收复失地。商务印书馆本身就有深厚的文化底蕴，再加上中华书局副经理沈知方挪用公款而陷入困境，中华书局急需振兴。陆费逵加紧修订《国语课本》（共八册），并抢先印行语体文课本，其中第一册专教注音字母，出版以后大受欢迎，取得了不错的业绩。第二年又出版了《国音教材》，并且一版再版。而对于此次应战，商务印书馆也有准备，尽管由于张元济和高凤池发生矛盾，但商务在编辑出版教科书上的水准一向较高，此次也未能落人后。再加上王云五入主商务印书馆，给商务印书馆注入了新鲜的血液，中华和商务在这个回合的教科书之争中只能说打了个平手。

令人大感意外的是，1925年，为了对付世界书局的教科书，商务印书馆和中华书局竟联手创办国民书局，由对手变为联手，可见民国期间教科书竞争之激烈。1921年，原中华书局沈知方创办了世界书局，除出版各种《ABC丛书》、《莎士比亚全集》和连环图画以外，也开始涉及成套的教科书出版，计有初小四种三十二册，高小八种三十二册。当时的全国中小学教科书市场，商务印书馆占百分之六十五，中华书局占百分之二十五。为了争夺市场，世界书局运用各种促销手段，如给回扣、低折扣、送奖票、摸大奖等等。商务和中华看到世界书局来势凶猛，于1925年创办了国民书局，联手抵制世界书局教科书。除了七折销售以外还买一送一，并向全国新学制小学赠教科书一套，且各自在报上做广告针锋相对。而拼争的结果是并未挤掉世界书局的教科书份额，而国民书局亦未能达到预期目的，于1930年关门大吉，商务和中华联合组建国民书局以失败而告终。

四

教科书出版的激烈竞争，使得教科书的品种和质量都得到了快速的发展，而低价倾销受惠的又是一般民众。同时，这场教科书之争也说明了商务印书馆和中华书局，这两家最大的民间出版机构对于出版教科书的重视，它们几乎都是靠教科书的出版和发行，才完成了初始资本的积累，从而为其进一步的发展打下了扎实的基础。而双方的竞争也是良性的竞争，讲求品种和质量，讲求销售的份额，并且能适时审度，把握社会对于教科书的要求。

陆费逵作为现代史上著名的出版家和教育家，在教科书出版和发行领域可谓游刃有余，能恰当地把握时机，能从老牌的商务印书馆手中争得一席之地，可说用尽了心机。而其在教科书编发上的敏锐眼光和出众才能，使中华书局迅速成长为除商务印书馆以外的第二大出版机构，陆费逵可谓功不可没。

重新来看发生在 20 世纪前叶的有关教科书出版发行方面的竞争，除了可以了解历史的某些细节以外，对于我们今天的教科书市场如何更好地服务于广大的学子，在质量和品种上更适合新时代教育的要求，不无启迪的作用。历史已翻开了新的一页，但从泛黄纸页的字里行间，仿佛还可嗅见那时激烈竞争的硝烟！

李涵秋的上海一年

一

1921年的秋天，李涵秋来到了上海。这也是他第一次来到上海。

李涵秋此次来到上海，是应时报馆狄子平的邀请，来沪主编《小时报》和《小说时报》（后期）。《时报》创刊于1904年6月，是一份由保皇党创办的大型日报，狄子平为主要负责人，担任编辑，主笔的有罗普、冯挺之、陈景韩、包天笑等。《时报》主张适合于时，随时而变，而又无过不及，既批判封建顽固势力，又批判革命党人的冲动，是一份专讲平和专讲立宪的报纸，在中国近代报刊史上有着重要的地位。

李涵秋和《时报》结缘在 1906 年，那时刚到武汉一年的李涵秋看到上海《时报》以重金征求长篇小说的广告，便写了一部五万言的《雌蝶影》，然而由于对上海人生地疏，不敢贸然投寄。此时有诗社好友丹徒人包楼斧知李涵秋情况后，说上海有其好友，且识狄平子、包天笑等人。李涵秋感激至极，说如小说中选可平分稿酬。《雌蝶影》果被《时报》录用，列为三等，但署名却为"包楼斧"。李涵秋大怒责问包楼斧，包只得设宴谢罪，说只得虚名不要稿酬，并先付稿酬一百八十元予李涵秋。事后李涵秋才知包早已取稿酬，且侵吞了七十元。李涵秋因此和包楼斧绝交。到第二年上海有正书局出《雌蝶影》单行本时，作者署名才改为李涵秋。此中曲折使李涵秋对于《时报》有了特别的印象。

狄子平为何要请李涵秋来上海主编报刊呢？

李涵秋，中国近代小说之大家，旧派文学中重要的代表人物。别号沁香阁主，江苏扬州人，生于清代同治十三年（1874），少聪颖，酷爱读书，弃举子业，致力于古诗文辞，并以授课为生。继而，受李石泉聘赴汉口为"西席"，居汉四年，逐步走上写作之路。于 1909 年至 1911 年间，在汉口《公论新报》刊载小说《过渡镜》，至五十二回因辛亥革命而辍刊。1914年，复至上海《大共和报》、《神州日报》续刊四十八回，且改名《广陵潮》，并由震亚书局出版，一举成名。平生著作颇丰，所著小说为文言十种，白话文二十三种，另有笔记杂著多种，代表作有《广陵潮》、《侠凤奇缘》、《战地莺花录》、《沁香阁诗集》、《沁香阁笔记》等等。

李涵秋代表作品《广陵潮》用集锦的创作方式，浓缩了许多个人的经历，既有相思相恋的浪漫，亦有受骗上当、被人陷害的痛楚，小说主人公云麟身上有着太多李涵秋的影子。《广陵潮》真实生动地反映了从清末到民初这一历史过渡时期的社会百态，如废除科举、洋学初现、男子剪辫、女子放足等，有历史学、社会学和民俗学上的价值，被称为"鸳鸯蝴蝶派"的代表作品。胡适曾评价道："民国成立时，南方的几位小说家都已死了，小说界忽然又寂寞起来。这时代的小说只有李涵秋的《广陵潮》还可读。"（胡适《五十年来之中国文学》，载《申报馆五十周年纪念》）鲁迅也有在日记中为家人寄《广陵潮》的记录。（《鲁迅日记》1917年12月31日："上午寄家信并本月用泉五十，附二弟三弟妇笺各一枚，又寄《广陵潮》第七集一册。"）可见小说当时受欢迎的程度。

狄子平之所以请李涵秋来上海主编报刊，一是因为仰慕李涵秋在当时文坛上的大名。那时李涵秋已著章回体长篇小说十余种，被誉为当时写小说的第一名家，并长期为《新闻报》、《时报》、《晶报》、《商报》、《快活》等报刊写连载小说，已成为旧派文学中的代表人物，以他的名气来担任主编，可以保证报刊的销路和商业目的。二是20世纪20年代初期，五四新文化运动已经爆发，在知识精英阶层所进行的文学革命，虽然极大地冲击了以休闲娱乐为主的旧派文学，但是旧派文学根基还在，在市民阶层的影响力也并未褪去。于是打着变革旗号的旧派文学，也试图用报刊来稳固其阵地，创办了各种休闲娱乐期刊，以图来和逐渐兴起的新文学分庭抗礼。

二

到达上海以后的李涵秋，却极不适应上海大都市的生活。

由于久居扬州，难得出门，在李涵秋的一生中，除1905年至1909年应聘至湖北官府当幕僚，在武汉居住四年，以及应狄子平之邀在上海居住一年以外，几乎都在扬州。李涵秋对于外部世界和新生事物了解甚少，以至于在其所著的小说中闹出不少的笑话，如坐马车去苏州虎丘，游杭州西湖坐瓜皮船要张帆等。这些都暴露了李涵秋闭门造车的弊端，也间接反映了旧时小说家对现代生活的不适应。

到上海的李涵秋，看到上火车站来接的汽车，却有点怕坐，对于新兴事物的知之甚少使李涵秋心生畏惧，他的思维还停留在坐马车出行的年代。而住在大东旅社，又觉得浑身不自在，觉得地方太小，不如家里面的宅院来得舒坦；且不愿坐电梯上下，还是觉得走楼梯来得踏实。更为可叹的是他把居于乡下的不良习惯带到了上海，李涵秋有吸水烟的习惯，他把烟灰到处乱弹乱扔，而大东旅社的客房内，满处是铺得洁亮的油漆地板，烟灰把地板烧成斑斑的焦痕，结果引起了不小的麻烦，报馆方出面打招呼才算了事。

李涵秋到上海后，曾引起了不小的轰动，因此时已有不少人读过李涵秋的小说，人们都争相目睹这位著名的小说家。而在文艺圈内表现尤甚，一时社会名流纷纷请李涵秋吃饭，以表达对他的一种敬意。在那个年代时兴吃西餐，由于李涵秋不会用刀叉，只能一概拒绝。但有时实在推托不掉，只能另想办法。如周瘦鹃拉李涵秋入青社，在东亚酒楼聚餐吃西餐，李涵秋不便推辞，只得前往。为此周瘦鹃只得另外叫了几盘中餐，才不至于让李涵秋饿肚子。听到李涵秋来沪，当时的京戏大王梅兰芳，惺惺相惜，在一品香西餐馆宴请李涵秋。由于彼此仰慕已久，李涵秋便欣然前往，但只用了第一道芙蓉鲍鱼汤便离席告退了。一代小说大王如此不适应现代都市生活，令观者唏嘘不已。

由于极度的不适应和身体的原因，在上海住了一年，李涵秋便返回了扬州。

对于李涵秋在上海的生活，当时同为旧派文学大家的周瘦鹃有回忆文章《我与李涵秋先生》，刊于《半月》杂志"李涵秋先生纪念号"，可知当时的诸多细节。

周瘦鹃在文章中写道：

前年冬，李先生应上海《时报》馆之聘，来编辑《小时报》和《小说时报》。我得了这消息，很为欢喜。心想从此可和李先生常常聚首了。有一晚新《申报》主人席子佩先生在倚虹楼宴客，我也在被邀之列。席间见有一个身材瘦长的客人，戴着金丝边眼镜，虽已中年，却不留须子。当下由钱芥尘先生介绍，说这一位便是李涵秋先生，我们俩彼此拱一拱手，说了没几句话，李先生连面包也不吃一块，匆匆地走了……

李先生到上海后，和我见面了几次。每见总是执手相慰劳，对我说道："你太忙了，怕一天到晚没得空罢。该节劳些才是啊!"我听了这话，心中很感激……

去年世界书局创办《快活》杂志，本托我主持，我因《半月》的关系，谢绝了。后来硬请李先生担任，我做了一篇祝词送去。那时他早忙着编辑《小说时报》了，问我要稿子，我推辞不了，便借邻家的一段事实，做成一篇《邻人之妻》给他刊在第一期中。在这个当儿，李先生可忙极了。同时要做五六种长篇小说，《新闻报》的《镜中人影》，《时报》的《自由花范》，《晶报》的《爱克司光录》，《快活》的《近十年目睹之怪现状》，《小说时报》的《怪家庭》，还有《商报》的一种似乎有一个鸾字的，这名字我已记不起了。我暗暗咋舌，想他同时做这六种长篇小说，不知道如何着笔，倘若记忆力薄弱些的人，下笔时怕要把人名和事实彼此缠误咧。然而李先生却按部就班的一种种做下去了，不缠误，不中断。这样魄力，真个是难能可贵了。

我和李先生末一次见面，是在《申报》馆。那一天我接到李先生一封信，内附一张辞去《快活》杂志主任的启事稿，托我代登《申报》封面。我已在那稿上签了字，预备交与广告部了，只见那字迹都不是李先生的手笔，因此起了疑，暂时搁了不发，写了个字条儿到《时报》馆，问李先生有没有信给我。不多一会，李先生亲自赶来了，说并没有信我。我忙把那信和启事稿给他瞧时，他连连摇头，说并没这回事。不知是哪一个来开玩笑的。我也就付之一笑，把来信抛在字纸篓中了。接着我们又谈了一会，李先生才兴辞而去。过了一二分钟，忽又走了回来说：“那石扶梯上有一段没栏干的，我不敢走下去，可能打发一个当差的扶我下去？”我答应着，即忙唤一个馆役扶了李先生一同下楼。我立在楼顶眼送着，不觉暗暗慨叹，心想青春易逝，文字磨人，李先生不过是个四十九岁的人，已是这样颓唐，我到四十九岁时，怕还不如李先生咧。如今李先生死了，当时他扶在馆役臂上，伛偻下楼的样子，却至今还在我的心头眼底，不能忘怀。

周瘦鹃的描述充满了对李涵秋这位文坛前辈的敬仰之意，同时所描述的李涵秋在上海闭门创作，及同时给六家报刊写连载小说，可见李涵秋当时在文坛的地位和受欢迎的程度。周瘦鹃的纪念文章，为李涵秋在上海，以及晚年的创作，提供了不少第一手的资料。

三

李涵秋的文学创作，未尝不是晚清至民国初年一道独特的风景线。

李涵秋早慧，少年便聪颖过人，具有深厚的学识功底。自幼受到扬州评话的熏陶，在他成年后创作的小说中有不少扬州评话的技巧和影响存在。贡少芹在《李涵秋》（上海震亚图书馆 1923 年版）中写道："涵秋幼时最喜听讲，且成癖焉。顾天资极颖慧，一经入耳，悉不遗忘，归即摩肖书中人之姿势与口吻，于祖母及其母前复述之，颇得其仿佛。更能历举书中之情节，语极中肯。"武汉四年成为了他一生的转折，时年二十一岁的李涵秋不仅开始创作小说，发表了他的处女作《双花记》（刊《公论新报》），而且结交了不少的文友，奠定了他踏入文坛的基础。

李涵秋作为晚清至民国时期的重要作家，其作品大致有社会、家庭、言情三大题材，而其中又以社会小说最为出色，如《广陵潮》、《怪家庭》等。贡少芹有如此评价："涵秋所著各种说部，大率事实与理想参半，惟《怪家庭》一书，完全实事。"李涵秋的创作，更多地展现了20世纪初，晚清至民国时期的社会生活和市井人情，他在《广陵潮》一书中熟练地运用了"稗官体例"，用集锦的方式来再现清末民初之生活。李涵秋之创作，深受旧派小说同人们的褒奖。如周瘦鹃曾感叹道："我对李先生有三个意见，一我佩服李先生做小说的魄力，他不动笔便罢，一动笔总是二三十万字的大著作；二我尊敬他是一个忠厚长者，朋友之间，从没有刻薄的行为；三我悼惜他在文字中奋斗了三十年，毕竟作文字的牺牲。"骆无涯曾盛赞李涵秋的小说有三大特点："第一情节奇突，如石破天惊，不可捉摸；第二前后衔接，无顾此失彼失节现象；第三描写深刻，入木三分。"毕倚虹更称赞道："肥艳浓香之笔，典质简朴之词，吾视之不难；独尖酸隽冷之言，刻画社会人情鬼蜮，吾不如涵秋。"

四

灯红酒绿、报业兴隆的上海，对于李涵秋这样一个旧式文人一开始是充满了诱惑的！

　　20世纪20年代的民国初年，上海作为远东第一大城市已初见雏形，聚集了一大批以卖文为生的文人和报人，几乎每个月都会有好几份报纸创办，以休闲娱乐为主的期刊也日渐兴隆。作为旧派小说的代表人物，李涵秋在那时已声名俱荣，当时的报纸也以刊载李涵秋的小说来吸引读者，甚至有"无李不成报"之说。这种以旧派小说增加报纸的销量，和当时的社会文化环境不无关系。

　　对于李涵秋来说，能到上海这样一个当时旧派文化的中心去，尽管有诸多的不适，也闹了不少的笑话，但对于其个人的发展，以及在旧派文学中巩固其地位，是大有好处的。蛰居扬州大半生，在武汉的四年虽是他文学创作的起步，但却受到不少的伤害（在武汉由于作诗结友中，有人妒李涵秋的才华，把李涵秋教女学生学诗，说成是革命党聚会，弄得李涵秋差点被抓），在其一生中记忆深刻。在上海的日子里，除了推托不掉的宴请以及繁琐的约稿编刊事由以外，李涵秋的大部分时间都蜗居于旅社，抽着烟，继续着他的创作。大都市光怪陆离的生活、西风渐进的社会时尚，在李涵秋看来都是那样的不可思议。他的思想和感觉依然停留在晚清时期，以至于在生活和创作中有脱离时代之感。

处于无数读者企羡的目光中，人前马后的撮拥、报刊同人的夸耀中，李涵秋可以暂时忘却初到大城市的不适，沉浸于一种暂时的陶醉之中。但他心里其实很明白，他是属于扬州乡下的，属于粗茶淡饭简单生活的，那里可以自由自在，不必有太多的拘束。大城市对于他来说是陌生的，李涵秋并不像周瘦鹃、包天笑、王纯根等能谙熟地游走于江湖之间，能办刊、写文、结社都不误，能于文坛游刃有余，他只是一个写小说的旧文人。

五

在上海的李涵秋，显现了一个旧式文人的没落和颓唐。

李涵秋所生活的年代，正是社会动荡和革命维新之时。五四新文化运动爆发前后，随着革命的爆发和深入，以学院派精英为主的现代知识分子队伍逐渐在形成之中，在意识形态领域逐渐占得先机；与此同时，以鸳鸯蝴蝶派为代表的旧派文学，在市民阶层中占有较大的比重，新旧文学争夺读者的斗争从未停歇过。而随着五四新文化运动的普及和深入，现代新文学的社团也处于萌芽之中，对于当时的报刊话语权亦处于激烈争夺之中。就在李涵秋到上海的那一年，商务印书馆的老牌刊物《小说月报》顺势而变，在茅盾主编的革新号上，发表了大量的新文学作品。这对于新旧文学争锋，这是一个重要的转折。

李涵秋是一个浸润于旧时教育、有着封建士大夫气的旧文人，尽管在他的作品中有批判现实的不合理，倡导进步生活方式的内容，但从本质上说，以鸳鸯蝴蝶派为代表的旧文学依然有相当的局限性，过多地在作品中渲染娱乐和趣味，在文学的主旨和批判意识上，显得较为消极。可在晚清至民国这个特殊的时期以内，却有着启蒙和承上启下的作用。

李涵秋在上海一年，初看是旧时报刊利用名人影响来增加销路，扩大影响的手段；实则折射了旧式文人在融入当时社会文化环境之中与跟上时代前进的步伐上，存在着较大的不适应性和隔阂。

返回扬州的李涵秋，一年以后即因病逝于家中，时年仅五十岁。

北游之外：1927 年的叶灵凤

一

　　生于江南的叶灵凤，对于北方充满着好奇和幻想。一直到 1927 年的夏天，叶灵凤才有了真正的北方之旅。

　　为什么向往北方？在叶灵凤的心目中，那是和南方完全不同的风景。向往北方，是向往那里的北国风景，虎虎的秋风、枣树的落叶、北海的清幽，都似盘旋在叶灵凤心头的一首诗；而更加向往的是北方故都特有的文化氛围和气息，自五四新文化运动爆发以来，以北京大学为中心，以陈独秀、胡适等现代知识分子为代表，在思想和文化领域掀起了一场革命。提倡用白话文进行新诗创作，使用标点符号创作新文学作品，都是从北京发端的，进而影响全国。

叶灵凤曾在文章中深情地写道："柔媚的南国，好像灯红酒绿间不时可以纵身到你怀中来迷人的少妇；北地的冰霜，却是一位使你一见倾心而又无词可通的拘谨的姑娘。你沉醉时你当然迷恋那妖娆的少妇，然而在幻影消灭后酒醒的明朝，你却又会圣洁地去寤寐你那倾心的姑娘了。"

作为一个文学青年，叶灵凤也深受新文化思想的浸润。在上海美术专科学校读书期间，就因投稿认识了当时创造社成员成仿吾、周全平、倪贻德等。并经郭沫若介绍，参加了创造社，参与《洪水》半月刊的编辑工作。从一个文学青年到创造社的小伙计，叶灵凤迈出了重要的一步。在《洪水》半月刊上，可以时常见到叶灵凤所作的小说和插图，显示了他在文学创作和美术装帧上的才华。后又参与编辑了《A11》和《幻洲》等期刊，并成为1926年成立的创造社出版部的成员之一。而叶灵凤此次北游，和创造社出版部大有关系。

创造社出版部成立以后，内部纷争不断，外部又受到国民党政府的打压，而郁达夫对创造社出版部的整顿，又引起了周全平、叶灵凤等小伙计们的不满，于是就有了周全平的出走，周毓英的追踪北上。创造社出版部由盛而衰，其实也是创造社走向衰亡的一个缩影。叶灵凤则借故寻找和劝说周全平，才有了为期两月的北方之旅。

二

叶灵凤的北游是于 1927 年夏天从上海出发，乘船至天津大沽口，住进了天津的租界，在天津呆了大概有一个多月的时间。在天津白昼无闲外出，夜晚在租界内由于戒严又不能通行，只能在国民饭店的舞厅中消磨时光，喝着苏打水抽着纸烟，看着舞场中肉色晃动，仿佛身居异国。叶灵凤不由地感叹道：

> 有时我想起我以不远千里之身，从充满了异国意味的上海跑来这里，不料到了这里所尝的还是这异国的情调，我真有点嘲笑我自己的矛盾。

在天津叶灵凤未感觉北国的意味，有点无奈和失望。不久离开天津乘京奉线到北京后，终于让叶灵凤感觉到了北方。

在烈日高张的前门道上，人力车夫和行人车马的混乱，那立在灰沙中几乎被隐住了的巡士，和四面似乎都蒙上了一层灰雾的高低的建筑，甚至道旁那几株油绿的街树，几乎无一处使我望去不感到它的色调是苍黄。峥立着的干涩的前门，衬了它背后那六月的蔚蓝的天空，没有掩映，也没有间色⋯⋯

　　但刚到北京由于脚部湿气发炎，叶灵凤在海甸友人处歇息疗养了将近半月，只能卧于床的叶灵凤苦不堪言，却又浮思联翩，他觉得自己好像一只被囚禁的孤鸟，向往着光明和故城的景色。病愈后叶灵凤才似飞出牢笼的鸟儿，在北方有些燥气的夏日自由地飞翔。在京期间，叶灵凤游览了中央公园、北海公园、西山等处，但未去故宫和颐和园。叶灵凤对于赴京而未看京戏始终耿耿于怀。而他最感兴趣的是到琉璃厂去买旧书，到北京饭店去买西画，这似乎更符合叶灵凤的兴趣爱好和口味，也成了叶灵凤北游最开心的事。因为事务的繁忙加上朋友的催促，叶灵凤又经由海路返回了上海。对于此次北游，叶灵凤生出不少感叹来：

　　耗去两月的光阴，实际上虽未得到甚么，然而一个颠倒了多年的北国的相思梦却终于是实现了，虽是这个梦的实现对于我也与一切恋爱的美梦一般，所得的结果总是不满。（《北游漫笔》）

　　叶灵凤此言甚准，和当初对于北方的充满好奇和想象一样，一旦真正地身临其境也不过如此。1927 年的叶灵凤就像这次北游一样，处于一种矛盾之中。而创造社出版部又处于风雨飘摇之中，郁达夫的很多做法和主张，得到了叶灵凤等人的强烈不满。矛盾公开化的结果是郁达夫申明脱离创造社，创造社出版部不久后也停业。

　　叶灵凤的北游，从表面上看，是一次个人的率性之旅。在叶灵凤的笔下，北方的风景更带有一种抒情的笔调，尘土飞扬有些灰色的街景，和南方是截然相反的景致，在海甸病中孤独的遐思，及对于故都景物如饥似渴的游览，化成叶灵凤笔下抒情的文字，是对北方和故都的一种流连。而实际上，这是叶灵凤在复杂的文化活动中寻求的一种自我逃避。

三

　　1927 年是个有些特殊的年份，随着轰轰烈烈的大革命的失败，蒋介石开始暴露他的真面目，大肆地屠杀共产党人和进步青年，在文化领域采取高压政策，白色恐怖笼罩。而同时文化中心也开始南移，鲁迅、胡适、郁达夫、徐志摩、茅盾、郭沫若、蒋光慈、夏衍、梁实秋、闻一多、阳翰笙、李初梨等都陆续汇聚上海，他们中有新文学运动的领袖，有海外归来的学子，有原居北京的文化人，也有从革命军归来的战士。这一次文化人的大迁移，一方面是为了避开当时在北洋军阀控制下北京的政治迫害；另一方面是上海已日渐成为中国经济和文化的中心，租界为革命作家们提供了栖息和隐身之地。

叶灵凤却反其道而行之，1927年夏天的北游之旅，反映了他内心深处的矛盾，以及对于文化形势的迷惘。创造社是叶灵凤踏入文坛和施展才华的第一个舞台，但到20世纪20年代末期，作为新文化主要社团之一的创造社，由于组织较为松散，加上内部矛盾和外部压力，几个主要成员之间在思想和观念上产生分歧，创造社已露衰象。叶灵凤作为后期创造社的小伙计和创造社出版部的成员，既因创造社出版部被查而遭坐牢之虞，亦因和潘汉年另成立幻社而遭同人非议。此时的叶灵凤处于矛盾的夹缝之中，暂时迷失了方向，此次北游或许是他意图减轻一点自己的压力。

但1927年北游之外的叶灵凤始终处于创作和办刊的亢奋期，其中上海光华书局在这年曾为叶灵凤出版了三本书。五月出版的小说集《女娲氏之遗孽》，共收小说五篇；九月出版小品集《白叶杂记》，共收小品二十五篇；十二月出版短篇小说集《菊子夫人》，共收小说五篇。这些作品出版后都取得了不错的反响。除此以外，叶灵凤还主编了第一份文艺刊物《幻洲》半月刊，上半部"象牙之塔"专刊纯文艺作品，下半部"十字街头"专刊杂文，《幻洲》半月刊出版后在青年中造成了不小的影响。叶灵凤在其中发表了不少的作品，有《红灯小撷》、《禁地》、《菊子夫人》、《贺柬》、《天竹》、《浪淘沙》、《口红》等，并为刊物作了不少插画和题花。叶灵凤毕业于上海美术专科学校，受西洋装饰画的影响较深，在《洪水》时期即设计封面和画插图，表现了较高的艺术水准。这方面的才能在之后其主编或参与编辑的《现代小说》、《现代》、《文艺画报》、《六艺》等刊物也都有不俗的展示。

四

1927年的叶灵凤，有北游的圆梦之旅，有创造社出版部的纷争，亦有办刊和文学创作的欣悦，也有面对复杂文化形势的迷惘。在叶灵凤身上体现了一个青年知识分子在后五四时期的心理轨迹，受创造社同人的影响，初期显示其文化性格上侧重浪漫和躁动的一面，由于他在主流文化圈无话语权，因此其文化活动中无内在的逻辑性，有一种随波逐流的感觉，显然这不是叶灵凤所期待的。于是有了1927年以后的种种过激的举止，包括和鲁迅的交恶，这一切正是由叶灵凤挑起的，且图文并谬。他先在小说《穷愁的自传》中借小说中人物之口说用鲁迅的著作当厕纸，后在《戈壁》上画阴阳脸讥讽鲁迅。之后鲁迅数次在文章中点名驳斥，于是他便有了"唇红齿白"的薄名，亦有了"汉奸文人"的骂名，和"活剥比亚兹来"的劣名，其后又有加入左联被开除的变故，叶灵凤为他的言行付出了沉重的代价。

有才华的叶灵凤有着不一般的勇气，这和创造社的风格倒是不谋而合。1927年看似偶然和平常的北游之旅，实则体现了在20世纪20年代后期，在社会形势和文化形势相对复杂的情况下，一个青年知识分子的矛盾和徘徊，他试图以梦寐以求的北方游迹，来冲淡和抚慰内心的焦虑，以为进入主流文坛的某种积聚。

叶灵凤曾作散文《北游漫笔》叙述此次北行之旅，

在抒情和充满灵气的文字背后，我们所看到的是一个年青知识分子艰难前行的背影，以及所处特殊年代的内心悸动。

跋

收在本书中的文章，大多写于几年以前，那时十分醉心于写作民国文人的行踪，常常能从旧书和旧文中得到不少的灵感，用现代人的思想去解读民国文人的生活和思想，从中挖掘一些有用的史料来。坚持写作此类文章有好几年的时间，其中大多数的文章已发表，也引起了一定的反响。但由于笔力所限，许多文章还未写深和写透，这要在今后的写作中加以改进和弥补。

这本文稿几年前便编定，后经朋友推荐，先在台湾秀威出版繁体字本，由于行文格式和两岸不同的出版理念，书中的文章有所改动，总想着何时能出简体字版。也有一些出版机构找到我，想出此文稿的简体字版，但思虑再三，未允。后来就遇上了福建教育出版社，承蒙不弃，因福建教育出版社出过不少高质量的图书，值得信赖，经多次联络沟通，定下了文稿的出版。

这是我严格意义上出版的第一本书，所以我很珍惜，也很在意。要感谢家人和朋友对我一直以来的支持。希望本书能带给读者一些有益的启示，这也是作为一个写作者最真切的愿望。

姚一鸣

于 2014 年初夏

图书在版编目（CIP）数据

风雨飘渺独自在：民国文人旧事/姚一鸣著．—福州：
福建教育出版社，2014.9
ISBN 978-7-5334-6553-7

Ⅰ.①风… Ⅱ.①姚… Ⅲ.①文化－名人－生平事迹
－中国－民国 Ⅳ.①K825.4

中国版本图书馆CIP数据核字（2014）第180062号

FENG YU PIAO MIAO DU ZI ZAI

风雨飘渺独自在
——民国文人旧事

姚一鸣 著

责任编辑：苏碧铨
特约编辑：林志鸿
美术编辑：季凯闻
封面题签：肖伊绯

出版发行 海峡出版发行集团
福建教育出版社
（福州梦山路27号 邮编：350001 网址：www.fep.com.cn
编辑部电话：0591－83786907 83726290
发行部电话：0591－83721876 87115073 010－62027445）
出版人 黄 旭
印 刷 福州万达印刷有限公司
（福州市仓山区桔园洲工业园仓山园19号楼 邮编：350002）
开 本 787毫米×1092毫米 1/32
印 张 6.5
字 数 104千
插 页 2
版 次 2014年9月第1版 2014年9月第1次印刷
书 号 ISBN 978-7-5334-6553-7
定 价 34.00元

如发现本书印装质量问题，影响阅读，
请向本社出版科（电话：0591－83726019）调换。